W0094309

Roland Leonhardt

DES PUDELS KERN

Sprichwörter erklärt

Bibliografische Information der deutschen Bibliothek

Die Deutsche Bibliothek verzeichnet diese Publikation in der Deutschen Nationalbibliografie; detaillierte bibliografische Daten sind im Internet über http://dnb.ddb.de abrufbar.

ISBN 3-448-07524-8   Best. Nr. 00074
ISBN 13: 978-3-448-07524-3

© 2006, Rudolf Haufe Verlag GmbH & Co. KG,
Niederlassung Planegg/München
Postanschrift: Postfach, 82142 Planegg
Hausanschrift: Fraunhoferstraße 5, 82152 Planegg
Fon (089) 89517-0, Fax (089) 89517-250
E-Mail: online@haufe.de
Internet: www.haufe.de
Redaktion: Stephan Kilian
Lektorat: Ursula Thum

Satz + Layout: S6-Media GmbH, 82166 Gräfelfing
Druck: J.P. Himmer Gmbh & Co. KG, 86167 Augsburg

Inhalt

Persönlichkeit

Management: Führen + Gestalten 84

Marketing 142

Wirtschaft: Realität + Visionen . . 165

Vorwort

Argumentieren und kommentieren mit Witz und Verve.

Unter diesem Motto haben wir unsere Sammlung bekannter und weniger bekannter Sprichwörter und Redewendungen angelegt.

Ohne den Zeigefinger heben zu wollen, haben wir die bekanntesten Sprichwörter und Redewendungen ausgesucht und sie einer zeitgemäßen Interpretation unterzogen. Es darf geschmunzelt und gelacht, der Ironie freien Lauf gelassen und der tragikomischen Pointierung die Tür geöffnet werden. Wie und zu welchem Zweck die Sprichwörter in den täglichen Arbeitsalltag eingebunden werden können, zeigen die jeweils darunter stehenden Verweise und Anwendungsbeispiele.

Manager neigen dazu, in abstrakten Gedankengängen nach Motiven und Lösungen zu suchen. Dabei bieten gerade die Sprichwörter und Redewendungen pointiertes Wissen und praktikable Lösungen an. Hinter einer volkstümlichen Redensart, einem geistreichen Zitat, einer praktischen Redewendung verbirgt sich das ganze Spektrum kultureller und sozialer Vielfalt.

Spannend ist auch die Herkunft der Sprichwörter. Soweit es uns möglich war, haben wir versucht, die Herkunft oder den Entstehungsort zu klären. Nicht immer ist uns dies gelungen, denn viele Sprichwörter hat der kluge Volksmund in die Welt gesetzt, ohne dabei an die Folgen zu denken. Wir müssen es hinnehmen und den Geburtsort offen lassen. Die Sprichwörter aus Volkes Mund haben sich schnell vermehrt und im Laufe der Zeit etliche Wandlungen erfahren. Andere Sprichwörter und Zitate haben einen namhaften Autor und eine lange oder weniger lange Vorgeschichte. Auch darauf sind wir eingegangen.

Die Auswahl war ein Wagnis und wir geben gerne zu, noch längst nicht alle Sprichwörter und Redensarten erfasst und für das heutige Wirtschaftsleben aufbereitet zu haben. Bei den Interpretationen haben wir uns nicht immer an die gängigen Deutungen gehalten. „Gedanken sind frei", lautet ein Zitat von William Shakespeare. Und so haben wir unseren eigenen Senf dazu gegeben.

Für wen ist diese Sammlung gedacht? Zunächst einmal für alle, die ein wenig Klarheit in Kopf und Herz bringen wollen. Ganz besonders aber wollen wir jene ansprechen, die im Wirtschaftsleben stehen und tagtäglich mit den verschiedensten Situationen und Problemen konfrontiert werden. Ihnen sollen die Sprichwörter ein wenig auf die Sprünge helfen. Die Verweise nehmen deshalb direkt Bezug auf den Business-Alltag und das Wirtschaftsleben, sie geben Tipps für Schreibtisch und Rednerpult. Manager, Redakteure, Sekretäre, Werbefachleute, Redner und Studenten, sie alle sind dazu eingeladen, in dem Büchlein zu blättern und fündig zu werden. Aber auch das pure Lesevergnügen soll nicht zu kurz kommen, und so sind neugierige Leser herzlich eingeladen.

Der langen Rede kurzer Sinn: Viel Spaß beim Lesen und Anwenden!

Roland Leonhardt

Business

Die Welt ist Business, so schallt es uns entgegen. Und tatsächlich werden Tag für Tag unzählige Geschäfte getätigt und damit unvorstellbare Summen bewegt. Der globale Markt hat nicht nur das letzte Dorf erreicht, ihm kann sich auch der kleinste Händler nicht mehr entziehen. Hier wie dort wird um Marktanteile und Kunden gekämpft. Doch es gibt immer noch Spielraum für gute Geschäfte und Erfolg versprechende Kooperationen. Der Markt ist in Bewegung – immer und überall. Wer daran teilnehmen will, darf das Risiko nicht scheuen. Da können ein paar gute Ratschläge nicht schaden.

Hier sind sie:

Viel kann verlieren, wer gewinnt

Üb immer Treu und Redlichkeit

Wie ein Phönix aus der Asche steigen

Eine Hand wäscht die andere

Alles Vergängliche ist nur ein Gleichnis

Auf dem falschen Dampfer sein

Ultima Ratio

Prüfet alles und behaltet das Beste

Was du tust, bedenke das Ende

Hals über Kopf

Zeit ist Geld

Je mehr er hat, je mehr er will

Morgenluft wittern

Der springende Punkt

Etwas läuten hören

Was nicht verboten ist, ist erlaubt

Äpfel mit Birnen vergleichen

Mit allen Wassern gewaschen sein

Auf Draht sein

Prüfe die Rechnung, du musst sie bezahlen

Reden ist Silber, Schweigen ist Gold

Mit dem Bezahlen wird man das meiste Geld los

Von nichts kommt nichts

Jeder Krämer lobt seine Ware

Den Kürzeren ziehen

Alles zu seiner Zeit

Kleine Geschenke erhalten die Freundschaft

Bei Geldsachen hört die Gemütlichkeit auf

Die Würfel sind gefallen

Schuster, bleib bei deinem Leisten!

Da war's um ihn geschehn

Sobald das Geld im Kasten klingt

Auf Messers Schneide stehen

An die große Glocke hängen

Die Gelegenheit ist günstig

Da liegt der Hase im Pfeffer

Das Angenehme mit dem Nützlichen verbinden

Die Gelegenheit beim Schopf fassen

Aber hier, wie überhaupt, kommt es anders, als man glaubt

Der kluge Mann baut vor

In Bausch und Bogen

Jemanden bei der Stange halten

Viel kann verlieren, wer gewinnt

Nicht immer ist ein Gewinn auch ein Gewinn. Wenn z. B. beträchtliche Summen in Werbeaktionen geflossen sind, so ist der Gewinn teuer erkauft. Und auch vor allzu großen Gewinnerwartungen sollte man sich hüten. Vieles davon trifft nicht ein oder verpufft im Zahlenspiel der Akteure. Wer viel einsetzt, der kann auch viel verlieren. Und wer den Maßstab aus den Augen verliert, der verliert am Ende noch seine wirtschaftliche Existenz. Bloße Gewinnsucht verleitet zu unvorsichtigem Handeln und zu risikoreichen Geschäften. Wo also der Verstand nicht mehr zum Zuge kommt, da ist die Gefahr am größten.

Um ein Haar hätte es auch den Helden im Roman „Arion" von August Wilhelm von Schlegel erwischt. Als dieser aufbricht, um zu noch mehr Ruhm, Geld und Ansehen zu gelangen, spricht sein Freund Periander, der auch Herrscher von Korinth ist, jene belehrenden Worte. Doch wie alle Unbelehrbaren wird Arion vom Schicksal arg gebeutelt. Während einer Schiffsreise wird er von Matrosen bestohlen und ins Meer gestürzt. Erst in letzter Minute wird er von einem Delphin gerettet.

Man kann das Zitat auch als Warnung verstehen:

- Maßhalten.
- Sich nicht von hohen Gewinnerwartungen täuschen lassen.
- Keine Risiken eingehen.
- Teuer erkaufter Gewinn ist kein Gewinn.

Üb immer Treu und Redlichkeit

Zitat aus dem Gedicht „Der alte Landmann an seinen Sohn" von Ludwig Heinrich Christoph Hölty

Die kaiserlichen Zeiten sind zwar vorbei, aber bei genauerer Betrachtung entpuppt sich das Zitat doch als unverwüstlich. Treue als Pflicht und Redlichkeit als Tugend, sollte man meinen, hätten ausgedient. Irrtum – besonders im Geschäftsleben sind diese scheinbar altmodischen Begriffe wieder „in". Zurück zu den Werten heißt die Devise und die wird auch immer mehr von Jüngeren angenommen. Zuverlässigkeit und Ehrlichkeit sind wieder wichtige Tugenden geworden. Geschäftspartner, die sich daran orientieren, haben nicht nur einen guten Ruf, sie sind auch sonst sehr erfolgreich.

Nachzulesen ist dieses Zitat übrigens in dem Gedicht „Der alte Landmann an seinen Sohn" von Ludwig Heinrich Christoph Hölty. Die Stelle findet sich gleich in der Anfangszeile des Gedichts und durfte damals in keinem Poesiealbum fehlen:

Üb immer Treu und Redlichkeit.
Bis an dein kühles Grab.
Und weiche keinen Finger breit.
Von Gottes Wesen ab.

- Die Begriffe Treue und Redlichkeit haben wieder Konjunktur
- in der aktuellen Wertedebatte treten konservative Begriffe in den Vordergrund
- im Geschäftsleben sind Tugenden wieder gefragt.

Wie ein Phönix aus der Asche steigen

Zitat aus der indischen oder arabischen Sagenwelt; möglich ist aber auch eine Herkunft aus der ägyptischen Götter- und Tierwelt.

Pech und Pleiten sind in der Geschäftswelt an der Tagesordnung und können nicht weggeleugnet werden. Wundern muss es einen, wenn Totgesagte plötzlich wie ein Phönix aus der Asche steigen. Doch es gibt jene seltsamen Wundervögel, die aus der glimmenden Asche in den Himmel steigen: Aus der indischen und arabischen Sagenwelt kennt man solcherlei Erzählungen. Es ist zu vermuten, dass dieser Ausdruck dort seinen Ursprung hat. Spezialisten vermuten die Quelle aber auch in der ägyptischen Götter- und Tierwelt. Sollten die Götter ihre Hände im Spiel haben, so ist klar, warum es einigen gelingt, aus der Asche wie ein Phönix aufzusteigen und aus der Niederlage einen Triumph zu machen.

In den Vereinigten Staaten sind Firmenpleiten von jungen Unternehmensgründern kein Unglück. Keinem wird deshalb der Stempel des Verlierers aufgedrückt. Und ein Neubeginn ist keine Schande. Bei uns ist man leider nicht so verständnisvoll. Gescheiterte, Pechvögel und Wiedererstandene haben es schwer mit ihrer Reputation. Sie müssen mit allen möglichen Vorurteilen kämpfen. Doch allmählich setzt sich auch bei uns ein Wertewandel durch.

- Aus einer Niederlagen einen Sieg machen.
- Nicht aufgeben und immer wieder einen Neuanfang suchen.
- Sich nicht geschlagen geben.
- An den Erfolg glauben.

Eine Hand wäscht die andere

In dem Schelmenroman „Satyricon" des römischen Schriftstellers Petronius Arbiter findet sich diese Redensart in lateinischer Sprache. Später wurde sie von Johann Wolfgang von Goethe in seinem Gedicht „Wie du mir, so ich dir" übernommen.

Von Seneca über den römischen Schriftsteller Pretonius Arbiter bis hin zu Johann Wolfgang von Goethe zieht sich die Spur dieses Zitats. Manus manum lavat war denn auch ursprünglich die lateinische Fassung, die in abgewandelter Form in dem Schelmenroman „Satyricon" von Petronius Arbiter auftauchte und später von Goethe in dem Gedicht „Wie du mir, so ich dir" übernommen wurde.

Vorsicht ist jedoch bei der praktischen Umsetzung dieser Redensart geboten. Vermuten doch viele dahinter unsaubere Geschäfte. Außerdem wird den Beteiligten Manipulation und Komplizenschaft vorgeworfen. Zum Teil also strafrechtlich relevante Tatbestände – wenn sie denn an die Öffentlichkeit kämen. Harmloser dagegen sind Gefälligkeiten und da dürfen wir uns ruhig auf den Staatsminister Goethe berufen, der folgenden Vers darauf schmiedete: „Hand wird nur von Hand gewaschen;

Wenn du nehmen willst, so gib!"

Also bitte schön das Geben nicht vergessen! Doch auch dies birgt gelegentlich Gefahren, denn schnell gerät der Geber in ein Abhängigkeitsverhältnis. Statt einer fairen Partnerschaft entsteht nun eine Interessengemeinschaft, ein Zweckbündnis mit überhöhten Erwartungen und Forderungen.

- Wenn keine sonstigen Verpflichtungen bestehen, sind Gefälligkeiten erlaubt.
- Kein Abhängigkeitsverhältnis eingehen.
- Faire Partnerschaft nicht durch zweifelhafte Geschäftspraktiken gefährden.
- Strafrechtlich relevante Handlungen unterlassen.

Alles Vergäng-
liche ist nur ein
Gleichnis

Zitat aus der Tragödie
„Faust" von Johann Wolfgang
von Goethe

Wer nur auf den materiellen Erfolg setzt und dabei die immateriellen Werte außer Acht lässt, wird bald erkennen, dass dies zu kurz gedacht ist und ein nachhaltiger Erfolg deshalb ausbleibt. Ein Unternehmen, wie erfolgreich es auch sein mag, hat in der Öffentlichkeit ein bestimmtes Image. Dieses Image (Marke, Ansehen, Ruf) ist über lange Jahre hinweg gewachsen und hat sich in den Köpfen der Menschen etabliert. Es wäre leichtsinnig, dieses Image zu Gunsten raschen Erfolgs aufzugeben. Geld ist viel, aber nicht alles. Also sollte man die immateriellen Werte hegen und pflegen, sie haben eine lange Lebensdauer und eine wichtige Funktion.

Goethe hat im „Faust" darauf hingewiesen. Er meinte, dass hinter allem irdischen Glanz, der im Grunde vergänglich sei, sich eine göttliche Wahrheit verberge und dass dies als Gleichnis verstanden werden könne. Wir wollen indes so weit nicht gehen und lieber unseren eigenen Interpretationen folgen. Alles ist eben relativ.

- Geld verfliegt, ein guter Ruf trägt.
- Immaterielle Werte haben eine längere Lebensdauer als kurzfristige Erfolge.
- Den „Mehrwert" (Ansehen, Image, Ruf, Marke) eines Unternehmens pflegen.
- Rufschädigendes Verhalten vermeiden.

Auf dem falschen Dampfer sein

Umgangssprachlicher Ausdruck; wahrscheinlich in der Mitte des 19. Jahrhunderts entstanden.

Die große Zeit der Dampfschifffahrt ist zwar vorbei, trotzdem kann es einem passieren, dass man den Eindruck gewinnt, als wäre man nicht dort, wo man eigentlich sein müsste. Da kann schon einmal das Gefühl entstehen, „auf dem falschen Dampfer" zu sein. Dazu kann es kommen, wenn man sich falschen Vorstellungen hingibt und die Möglichkeiten falsch einschätzt. Spätestens dann wird klar, dass die Realität anders aussieht und nach einem anderen Fahrplan verläuft. Aber da hat der der falsche Dampfer meist schon abgelegt.

Das Geschäftsleben hält derlei Überraschungen bereit. Deshalb ist es immer besser, mit Vorsicht und Skepsis, Realitätssinn und Augenmaß an die Dinge heranzugehen. Mit ein wenig Realitätssinn lassen sich Trugschlüsse vermeiden und realistische Einschätzungen vornehmen. Wer nüchtern und gelassen abwägt und keine euphorischen Erwartungen hat, wer auf dem Boden der Tatsachen bleibt, der wird den richtigen Dampfer besteigen und mit voller Kraft in die Zielgerade fahren.

- Realistische Möglichkeiten ins Auge fassen.
- Sich nicht von Trugschlüssen leiten lassen.
- Nüchtern und gelassen abwägen.
- Auf dem Boden der Tatsachen bleiben.

Ultima Ratio

Lateinischer Ausdruck, der auf den spanischen Dichter P. Calderón de la Barca zurückgeht.

Das Militär war schon immer weit voraus und so trugen bereits im 17. Jahrhundert französische Kanonen jene zynische Inschrift. Die Übersetzung des lateinischen Ausdrucks kann mit „letztes" oder „äußerstes Mittel" wiedergegeben werden und diente häufig als Losung für gescheiterte Verhandlungen. Was dann folgte, waren meist kriegerische Auseinandersetzungen. Dieser Ausdruck hat jedoch alle Niederlagen überstanden und sich bis heute bewährt. Längst ist nicht nur in militärischen Kreisen davon die Rede, nein, er hat auch Zugang gefunden zu allen Schichten der Bevölkerung – freilich zu friedlichen Zwecken.

In die Kaufmannssprache übertragen heißt dies: Wenn Verhandlungen ergebnislos enden, bleibt nur noch ein „letztes Mittel" übrig. Wie dieses Mittel aussehen kann, muss im Einzelfall von der Geschäftsführung entschieden werden. Kanonen kommen allerdings nur noch selten zum Einsatz.

- Letzte (legale) Mittel ergreifen, wenn sonst nichts mehr geht.
- Ergebnislose Verhandlungen können eine solche Option zulassen.
- Unternehmen oder Geschäftsführung entscheiden über die Wahl der Mittel.

Prüfet alles und behaltet das Beste

Abgewandelter Spruch aus dem Neuen Testament, Erster Brief des Paulus an die Thessalonicher 5,21

Nicht nur beim Obsthändler sollte man das Sprichwort beherzigen, es gilt für alle anderen Bereiche des Handels auch. Denn nur wer die Ware einer strengen Kontrolle unterzieht, kann sicher sein, das Beste auszuwählen. Aber das ist nicht immer so einfach. Erfahrung und Sachkenntnis sind gefragt, um eine Ware richtig zu beurteilen. So kann ein von außen gesund aussehender Apfel eine Menge Würmer enthalten. Die richtige Wahl zu treffen ist daher eine Kunst, die gelernt sein will.

Die Bibel ist darin wieder einmal Vorreiterin und so finden wir im Brief des Paulus an die Thessalonicher 5,21 jene Ermahnung, die uns helfen soll, die richtige Wahl zu treffen: „Prüfet alles, und das Gute behaltet."

- Ware einer strengen Kontrolle unterziehen.
- Mit Erfahrung und Sachkenntnis auswählen.
- Nur das Beste auswählen.
- Den hohen Ansprüchen der Kunden gerecht werden.

Was du tust, bedenke das Ende

Zitat nach einer Formulierung aus dem alttestamentlichen apokryphen Buch des Jesus Sirach

Am Ende ist man immer klüger! Das ist jedenfalls eine Erfahrung, die der eine oder andere von uns in seinem Leben schon einmal gemacht hat. Doch bleiben wir zunächst bei dem eingangs erwähnten Zitat.

Dies finden wir in ähnlicher Formulierung in dem alttestamentlich apokryphen Buch des Jesus Sirach. Dort heißt es: „Was immer du tust, so bedenke das Ende ...“ Der altgriechische Fabeldichter Äsop und der altgriechische Geschichtsschreiber Herodot verwendeten diesen Ausspruch ebenfalls. Auch in einigen mittelalterlichen Schriften taucht diese Sentenz immer wieder auf.

Haben die Menschen aus diesen Worten gelernt? So unterschiedlich das Leben der Menschen ist, so unterschiedlich sind ihre Taten und Leistungen. Das Ende bedenken oft die wenigsten, sonst gäbe es nicht so viele Zusammenbrüche und Pleiten. Aber nicht immer sind die komplexen Strukturen zu durchschauen. Wie sich etwas entwickelt und wo etwas hinführt, darüber gibt es oft keine klaren Voraussagen. Vieles ist aber auch auf Leichtsinn und Selbstüberschätzung zurückzuführen. Trotzdem macht es Sinn, sich Gedanken über die Konsequenzen des eigenen Handelns zu machen und die Auswirkungen zu bedenken.

- Das Risiko minimieren.
- Mit Fehlentscheidungen rechnen.
- Die Konsequenzen des eigenen Handelns abwägen.
- Über alle Möglichkeiten und Lösungsansätze beraten.

Hals über Kopf

Umgangssprachliche Bezeichnung für überstürztes und übereiltes Handeln

... oder: Vorsicht vor Geschäften, die Hals über Kopf abgeschlossen werden! Der Volksmund will mit der Redewendung zum Ausdruck bringen, dass überstürzte und übereilte Entscheidungen schnell zum Fiasko werden können. Wer keinen kühlen Kopf bewahrt und die Dinge sachlich beurteilt, der trifft die Entscheidungen aus dem Bauch heraus und hat am Ende das Nachsehen. Daher sind Schnellschüsse oft Fehlschüsse.

Es ist also ratsam, die Dinge nüchtern zu betrachten und rational abzuwägen. Freilich bleibt nicht immer Zeit dazu und die Konkurrenz schläft auch nicht. Doch Fehlentscheidungen können kostspielig sein. Eine planvolle und kalkulierte Vorgehensweise ist im Privaten wie im Geschäftlichen immer von Vorteil.

- Geschäfte nie überstürzt abschließen.
- Sich Bedenkzeit ausbitten.
- Rational abwägen.
- Planvoll vorgehen.
- Einen kühlen Kopf bewahren.

Zeit ist Geld

Übersetzung des englischen Zitats „Time is money" aus den „Ratschlägen für junge Kaufleute" von Benjamin Franklin

Ein Blick auf die Uhr genügt, um wieder einmal festzustellen, dass es zu spät ist … oder doch nicht? Kann in letzter Minute das Ruder herumgerissen, der Schaden abgewendet und die Gläubiger beschwichtigt werden? Doch Zeit und Geld laufen unaufhaltsam davon. Auch das Börsengeschehen unterliegt dem Diktat der Zeit. Terminkalender diktieren den Tages- und Wochenablauf. Sitzungen, Meetings und Konferenzen wechseln sich ab. Hier ein Gespräch, dort ein Gespräch. Das Handy dabei. Der Koffer gepackt. Der Sekretärin noch die letzten Anweisungen gegeben. Das Taxi bestellt, ins Flugzeug gestiegen … „Time is money", und das wusste man schon recht früh. Obwohl es zu Zeiten Benjamin Franklins noch keine Flugzeuge und Handys gab, war dem Staatsmann klar: Jede verlorene Stunde, die ungenutzt bleibt, ist ein Minusgeschäft. Wer kann da widersprechen?

- Die Zeit nicht ungenutzt verstreichen lassen.
- Termine optimal abstimmen.
- Geschäftsreisen sorgfältig planen, um Zeitverluste zu vermeiden.
- Die Gunst der Stunde nutzen.

Je mehr er hat, je mehr er will

Zitat aus dem Lied „Zufriedenheit" von Johann Martin Miller

Aus dem Lied „Zufriedenheit" von Johann Martin Miller stammt diese Zeile und kein Geringerer als Wolfgang Amadeus Mozart hat sie vertont. Grund genug, uns damit zu befassen. Das Wort „Zufriedenheit" wird unter Geschäftsleuten nicht besonders geschätzt. Klagelieder über rückläufige Umsätze und absatzschwache Märkte machen eher die Runde. Außerdem gilt: Je mehr einer hat, umso unzufriedener ist er. Das ist jedenfalls aus dem Volksmund immer wieder zu hören. Dennoch: Politik und Wirtschaft setzen auf Wachstum. Dabei wird leicht übersehen, dass Gewinnmaximierung und Umsatzsteigerung natürliche Grenzen haben. Bekanntlich soll sich das Universum auch nicht endlos ausdehnen. Man sollte daher die Erwartungen etwas zurückschrauben und nicht die Bodenhaftung verlieren.

- Den Blick für die Realität nicht verlieren.
- Vorsichtige Einschätzungen sind besser als überhöhte Erwartungen.
- Gewinnmaximierung und Umsatzsteigerungen haben natürliche Grenzen.
- Zufriedene Menschen haben mehr vom Leben.

Morgenluft
wittern

Die Redewendung tauchte zuerst in dem Gedicht „Leonore" von G. A. Bürger auf, ist aber auch bekannt geworden durch die Tragödie „Hamlet" (I,5) von William Shakespeare.

Tote beherrschen die literarische Szene zu dieser Redewendung. In dem Gedicht „Leonore" von G. A. Bürger aus dem Jahre 1773 heißt es:

„... mich dünkt, der Hahn schon ruft.
Bald wird der Sand verrinnen,
Rapp! Rapp! Ich wittre Morgenluft ..."
Dies ruft der tote Bräutigam auf seinem Rappen.

Dass Ermordete keineswegs schweigsam sind und immer wieder Morgenluft wittern, beweist das folgende Zitat: „Doch still! Mich dünkt, ich wittre Morgenluft". Dies wiederum ruft der Geist von Hamlets ermordetem Vater. Shakespeare und Bürger zogen also am gleichen Strang.

Und so stellt sich die Frage: Leben Tote länger? Nicht unbedingt, denn Morgenluft wittern hin und wieder auch Geschäftsleute, und die stehen voll im Leben. Sie haben einen Riecher für gute Geschäfte und können diesem Sprichwort viel abgewinnen. Wer stets die Nase vorne hat (auch wieder ein schönes Zitat!), macht gute Geschäfte.

- Ein gutes Geschäft wittern.
- Die Nase vorne haben.
- Ein gutes Gespür für Geschäfte entwickeln.
- Möglichkeiten erkunden.
- Chancen erkennen.

Der springende Punkt

Zitat aus der „Tierkunde" von Aristoteles

„Der springende Punkt" ist eine oft benutzte Redewendung. Punctum saliens, wie es auf Latein heißt, geht auf Aristoteles zurück. In seiner Tierkunde spricht Aristoteles davon, dass sich im Weißen des Eies das Herz eines werdenden Vogels als „Blutfleck" zeige, „… welcher Punkt wie eine Lebewesen hüpft und springt". Mit dem springenden Punkt ist der Mittelpunkt des Lebens, der Punkt, auf den alles ankommt, gemeint.

Doch nicht nur das. Der springende Punkt kann überall auftreten und muss nicht immer „von Herzen kommen". Verträge, die kurz vor dem Abschluss stehen, scheitern oft an springenden Punkten, weil die Bedingungen nicht klar und die Zusagen ungenau sind. Der springende Punkt lässt sich so leicht nicht unterkriegen und taucht ganz unvermittelt auf. Da heißt es Augen auf, Verträge und Abmachungen genau durchlesen, Zusagen überprüfen und Hindernisse ausräumen. Erst wenn Klarheit und Verbindlichkeit in allen Punkten besteht, sollte man unterschreiben.

- Verträge genau prüfen.
- Es muss Klarheit und Verbindlichkeit in allen Punkten bestehen.
- Hindernisse ausräumen.
- Transparenz anstreben.

Etwas läuten hören

Der Volksmund hat diese Redewendung aufgrund eines alten Kirchenbrauchs übernommen.

... da kann doch nur die Kirche im Spiel sein. Ist sie auch! Natürlich sind mit dieser Redewendung Kirchenglocken gemeint. Es ist kirchlicher Brauch, dass zum Hauptgottesdienst zweimal mit einer einzelnen Glocke und erst beim dritten Mal mit allen Glocken gemeinsam geläutet wird.

Der Volksmund deutet diesen Brauch jedoch auf seine Weise. Es könnte ja sein, dass sich hinter jedem Läuten eine andere Nachricht oder Mitteilung verbirgt. Und so kann man diese Redewendung auch als Hinweis auf ein Gerücht deuten, auf noch etwas Unbestätigtes, das sich als Glockengeläut kundtut.

Für Geschäftsleute ist dieses genaue Hinhören und Wahrnehmen lebenswichtig. Es gibt ihnen die Möglichkeit, rasch zu reagieren und damit schneller zu sein als die Konkurrenz. Deshalb gilt: Ohren spitzen, wenn die Glocken läuten!

- Aufmerksam und wachsam sein.
- Wenn erforderlich, Gerüchten auf den Grund gehen.
- Das Verhalten der Mitbewerber im Auge behalten.
- Informanten gezielt befragen.

Was nicht verboten ist, ist erlaubt

Wörtliches Zitat aus der Tragödie „Wallenstein" Wallensteins Lager, 6. Auftritt von Friedrich Schiller

In „Wallenstein" (1798) feiern die Soldaten ihren Heerführer, nach dem das Stück benannt wurde, als großen Feldherrn. Dieser hat auf der Seite des Kaisers erfolgreich gegen die Schweden gekämpft. Jedoch hat Wallenstein Gegner, sie neiden ihm den Erfolg und hegen Misstrauen. Ein Mönch bezichtigt Wallenstein sogar des Unglaubens und behauptet, seine Soldaten seien undiszipliniert. In diesem Intrigenspiel versuchen die Getreuen des Kaisers die Truppen zu spalten und Wallenstein damit zu diskreditieren. Man sieht recht gut in dem Stück, welche Freiheiten und Eigentümlichkeiten sich Wallenstein gegenüber dem Kaiser erlaubt.

Gewiss, es kann nicht jeder tun, was er will. Vorschriften und Gebote haben ihren Sinn und müssen eingehalten werden. Ebenso müssen Regelungen respektiert und Autoritäten anerkannt werden. Doch manchmal lässt es sich nicht umgehen, andere Wege und Schlupflöcher aufzuspüren, die es einem ermöglichen, trotz Verboten und Vorschriften ans Ziel zu gelangen. Sofern dabei niemand geschädigt wird, ist erlaubt, was nicht verboten ist.

- Eine erfolgreiche Umgehungsstrategie entwickeln.
- Vorschriften und Regelungen lassen immer noch Spielraum offen.
- Nicht immer dient striktes Einhalten starrer Regeln dem Wohle des Unternehmens.

Äpfel mit Birnen vergleichen

Umgangssprachliche Redensart

Nein, ein Obsthändler muss man nicht sein, um diese Redensart zu verstehen. Händler, die ständig Waren und Produkte vergleichen, Quantität und Qualität abwägen, verstehen den Sinn sofort. Es gibt Unterschiede, und die sind erkennbar. Auch kann man nicht zweierlei Produkte unterschiedlichster Herkunft und Qualität mit einem Maßstab messen. Äpfel sind eben keine Birnen und Birnen keine Äpfel.

Diese simple Erkenntnis lässt sich auch auf andere Gebiete übertragen. So können unterschiedliche Arbeitsfelder, Systeme und Organisationseinheiten nicht direkt verglichen werden, denn das würde zu ungenauen Ergebnissen und zu falschen Rückschlüssen führen. Es gilt, genauer hinzusehen, die Unterschiede deutlich zu machen, die Bewertungen den Gegebenheiten und Standards anzupassen. Gelingt dies, so können Qualitätsunterschiede besser ausgemacht und verbindliche Standards entwickelt werden.

- Die Unterschiede müssen deutlich gemacht werden.
- Unterscheidungsmerkmale treffen.
- Vergleiche anstellen und Kriterien ausarbeiten.

Mit allen Wassern gewaschen sein

Herkunft wahrscheinlich aus der Seemannssprache

Das Zitat hat durchaus mediterranes Flair und dürfte seinen Ursprung in der Sprache der Seeleute haben. Ihnen gesteht man ja ohne weiteres diese Bezeichnung zu, gehören sie doch zu jenem Menschentyp, der auf allen Wassern (Ozeanen) zu Hause ist.

Wir wollen uns jedoch den Business-Leuten zuwenden, und die überfliegen meist per Überschall die Ozeane der Welt. Nichtsdestotrotz müssen auch sie häufig „mit allen Wassern gewaschen sein", um im rauhen Geschäftsleben zu bestehen. Damit keine Missverständnisse aufkommen: Es soll an dieser Stelle weder von Hochstapelei noch von Betrug die Rede sein. Nein, es sind ganz einfach die handwerklichen Geschicke von Kaufleuten, die damit gemeint sind. Dazu zählen Cleverness, Raffinesse und Spitzfindigkeit ebenso wie eine gehörige Portion Courage, Mut und Risikobereitschaft. Verfügt man über diese Insignien, kann das Abenteuer Business beginnen.

- Cleverness an den Tag legen.
- Courage und Mut beweisen.
- Risikobereitschaft entwickeln.
- Sich nicht übers Ohr hauen lassen.
- Professionalität zeigen.

Auf Draht sein

Wahrscheinlich ist diese Redensart mit dem Aufkommen der Telegrafie entstanden (19. Jahrhundert).

Es ist anzunehmen, dass dieses Zitat mit dem Aufkommen der Telegrafie entstanden ist. In unserer Zeit hat die Kommunikation per Draht allerdings bereits nahezu ausgedient und wer kein drahtloses Handy besitzt ist, out.

Was also ist von diesem Zitat geblieben? Eine ganze Menge. Denn nach wie vor gilt es, „auf Draht zu sein", was nichts anderes heißt, als wachsam zu sein, den Augenblick zu nutzen, schneller zu reagieren als die anderen. Inzwischen ist diese saloppe Redensart den Business-Leuten in Fleisch und Blut übergegangen.

- Wachsam sein.
- Den Augenblick nutzen.
- Chancen erkennen.
- Schneller reagieren als die anderen.

Prüfe die Rechnung, du musst sie bezahlen

Zitat aus dem Theaterstück „Die Mutter" von Bertolt Brecht

Wie bitte?! Wer bezahlt schon ungeprüfte Rechnungen? Bertolt Brecht, aus einer Kaufmannsfamilie stammend, hat diesen Satz in seinem Stück „Die Mutter" einfließen lassen. War er etwa ein gebranntes Kind? Möglich, denn in finanzieller Hinsicht sah es nicht immer gut für ihn aus. Die Tantiemen und Honorare flossen so reichlich nicht. Erst später konnte er auf ein beträchtliches Vermögen blicken.

Doch Hand aufs Herz: Wie oft gehen Rechnungen ungeprüft über unseren Schreibtisch! Die Unterschrift ist getan, die Überweisung schnell ausgeführt. Einmal ist es die fehlende Zeit, dann die Routine (wird schon richtig sein!) und ein anderes Mal die fehlende Konzentration. Es gibt vielerlei Gründe, eine Rechnung nicht mit der entsprechenden Sorgfalt zu überprüfen. Leichtsinn mag im Spiel sein und mangelnde Kontrolle. Zumindest sollte stichprobenweise genauer hingesehen und nachgerechnet werden. Nur so können auf Dauer Kassendifferenzen und Fehlbeträge vermieden werden. Brecht macht's vor!

- Rechnungen in aller Ruhe überprüfen.
- Stückzahlen kontrollieren.
- Bei regelmäßigen Rechnungseingängen Stichproben vornehmen.
- Ungerechtfertigte Forderungen zurückweisen.

Reden ist Silber, Schweigen ist Gold.

Volkstümliche Redensart

Wer dieses Sprichwort aus dem Volksmund beherzigt, der ist gut dran, denn nichts wiegt schwerer im Geschäftsleben als ein Verstoß gegen diese Regel. Ist ein Geschäft noch nicht unter Dach und Fach, kann es noch im letzten Moment scheitern. Es könnte ja durchaus der Fall sein, dass die Konkurrenz Wind davon bekommen hat und nun bessere Angebote in die Waagschale wirft. Auch ein Vertragsabschluss kann durch Indiskretion gefährdet sein. Also ist es besser, über ungelegte Eier nicht zu reden. Überhaupt sollte man mit dem Reden eher zurückhaltend sein. Es sei denn, dass beide Parteien (Käufer und Verkäufer) sich wirklich etwas zu sagen haben. Leider wird auch diese Regel nicht immer eingehalten und es wird mehr gequatscht als geredet. Wer zu viel redet, überzeugt nicht. Und wer etwas verschweigt, hat Gründe dafür (meist keine Guten). Die richtige Balance zwischen beiden Polen macht den Erfolg aus.

- Nicht einfach drauflos reden.
- Überzeugend reden und nicht überreden!
- Diskretion wahren.
- Schweigepflicht einhalten.
- Vertraulichkeit wahren.

Mit dem Bezahlen wird man das meiste Geld los

Zitat aus den „Aphorismen und Reimen" von Wilhelm Busch

Zugegeben, die Erkenntnis ist nicht neu. Es lohnt sich jedoch, immer wieder darüber nachzudenken, ob nicht ein Zahlungsaufschub, ein Kredit, eine Ratenzahlung oder Stundung die bessere Alternative wäre. Es gibt viele Möglichkeiten, das Konto kurz- oder langfristig zu schonen. Dies trifft Private wie Geschäftsleute gleichermaßen.

Ob Wilhelm Busch, von dem dieses Zitat stammt, auch Gebrauch davon machte, wissen wir nicht. Geld spielte in seinem Leben keine unerhebliche Rolle. Und so bedarf es keiner weiteren Erläuterung dieser banalen Erkenntnis. Wir wünschen allen ein gut gefülltes Konto!

- Prüfen, ob es die Möglichkeit eines Zahlungsaufschubs gibt.
- Ressourcen anzapfen.
- Andere Geldquellen erschließen.
- Über Bargeld verfügen.
- Sonderkonten einrichten.

Von nichts kommt nichts.

Diese Redensart geht auf die philosophische These „ex nihilo nihil fit" bei Aristoteles, Lukrez und Thomas von Aquin zurück

Es muss ja nicht der Totaleinsatz sein, aber ein wenig mehr Anstrengung und Zielstrebigkeit können nicht schaden. Was für die Philosophie zum Lehrsatz geworden ist („Aus nichts wird nichts"), sollte auch im Business gelten.

Gemeint sind keineswegs nur Gewinnstreben und Wertsteigerung, sondern der planvolle und gezielte Einsatz vorhandener Ressourcen und Mittel. Bedeutende Denker wie Aristoteles, Lukrez und Thomas von Aquin haben diesen Lehrsatz übernommen und in ihr philosophisches und dichterisches Konzept eingefügt. Wir sehen sehr oft nur den äußerlichen Erfolg, nicht aber die Leistung und Anstrengung, die dahintersteckt. Blickt man genauer hin, bestätigt sich dieser These.

- Anstrengung und Zielstrebigkeit führen zum Erfolg.
- Den Einsatz vorhandener Ressourcen und Mittel planen.
- Konzeptionell denken und handeln.
- Kreative Prozesse freisetzen und neue Potenziale etc. erschließen.

Jeder Krämer lobt seine Ware

Ausspruch aus dem Buch „Epistulae" des römischen Dichters Horaz

Warum auch nicht? Das ist doch selbstverständlich, schließlich will der Krämer seine Ware auch verkaufen. Doch Vorsicht, wer etwas allzu sehr über den grünen Klee lobt und seine Produkte vorbehaltslos als die allerbesten anpreist, der erntet meist Skepsis und Ablehnung. Es könnte ja sein, dass sich hinter dem aufgeputzten Angebot ein Ladenhüter verbirgt, die Qualität nicht den Erwartungen entspricht und das Preis-Leistungs-Verhältnis zu wünschen übrig lässt.

Ob man schon im Altertum von dieser Art der Warenpräsentation wusste? Anscheinend, denn schon der römische Dichter Horaz beklagte sich in seinen poetischen Briefen über derlei Gepflogenheiten. Wir wollen dem nichts hinzufügen und appellieren an alle Kaufleute: Bietet nur Ware an, von der ihr auch überzeugt seid!

- Mit Qualität überzeugen.
- Optimales Preis-Leistungs-Verhältnis anstreben.
- Mit Seriosität werben.
- Auf Dauer gewinnt nur der Ehrliche.

Den Kürzeren ziehen

Es ist anzunehmen, dass diese Wendung ihren Ursprung im Mittelalter hat.

Wir müssen zurück ins Mittelalter gehen, wenn wir das Zitat verstehen wollen. Seit dem 16. Jahrhundert war es durchaus üblich, dass der Gewinner von Verlosungen mithilfe von kleinen Holzstäbchen ermittelt wurde. Dabei konnte es geschehen, dass ein Mitspieler den kürzeren Stab zog, damit verlor und ausschied. Es ist kaum zu glauben, aber ein solches Verfahren hat es auch im Rechtsleben jener Zeit gegeben. Und man sah es als Gottesurteil an, wenn jemand „den Kürzeren zog". Der Betreffende konnte dabei Haus und Hof verlieren! Zum Glück hat diese Rechtspraxis ausgedient. Die armen Teufel, so sie vor Gericht stehen, haben heute bessere Chancen durchzukommen. Lediglich als Gesellschaftsspiel hat diese Form der willkürlichen Ausgrenzung überlebt.

Tatsache ist aber auch – und das bestätigt unsere Lebenserfahrung, es gibt immer wieder Menschen, die den Kürzeren ziehen und zum Verlierer werden. Doch wer den Kürzeren zieht, hat allemal die Chance auf Rehabilitation und Neubeginn. Kein Schicksal ist so endgültig, dass es nicht auch Alternativen und Möglichkeiten gäbe, ihm entgegenzutreten.

- Nicht aufgeben, auch wenn die Ausgangslage alles andere als positiv ist.
- Dem Schicksal trotzen.
- Chancen nutzen und einen Neubeginn suchen.
- Sein Recht einfordern.

Alles zu seiner Zeit

Abwandlung der Bibelworte „Ein jegliches zu seiner Zeit" aus Prediger 3,1

... und „wer nicht warten kann, muss fühlen". So ein anderes Sprichwort – leicht abgewandelt. Tatsächlich bringen Ungeduld und Hektik nur Stress und den merken wir am ganzen Körper. Erschöpft kehren wir oft aus dem Büro nach Hause zurück. Der Leistungsdruck ist zeitweise enorm. Alles muss umgehend und in Sekundenschnelle passieren, da bleibt wenig Zeit für Entspannung. Dabei sind Ruhepausen mehr als arbeitsfreie Phasen. Nur wer entspannt und stressfrei seine Geschäfte abwickelt, der trifft auch die richtigen Entscheidungen und macht Gewinn.

Die Kunst des Wartens ist dagegen eine hohe Kunst, denn sie erfordert Geduld und Ausdauer. Wählen wir den falschen Zeitpunkt für unsere Entscheidungen und Handlungen, so kann uns das Kopf und Kragen kosten. Haben wir jedoch den richtigen Zeitpunkt erwischt, hat sich das Warten gelohnt. Schon in der Bibel finden wir entsprechende Hinweise. Da heißt es unter Prediger 3,1 „Ein jegliches zu seiner Zeit" und unter 3,11 „Er aber tut alles fein zu seiner Zeit". Fazit: Warten-Können zahlt sich aus!

- Den richtigen Zeitpunkt abwarten.
- Ruhig und entspannt Geschäfte abwickeln.
- Ruhepausen einlegen.

Kleine Geschenke erhalten die Freundschaft

Bekannte Redensart aus dem Volksmund

Ob es Pralinen, Blumen, Bücher oder andere kleine Mitbringsel sind – über Geschenke freut sich jeder. Außerdem verschafft man sich damit ein gutes Image und bringt sich so in angenehme Erinnerung. Anlässe gibt es viele. Gute Leistungen sollten honoriert, die Mühen einer Sekretärin anerkannt und die Prüfungsergebnisse der Auszubildenden gewürdigt werden. Aber auch zu Geburtstagen, Eheschließungen und Arbeitsjubiläen sollte an die Mitarbeiter gedacht werden. Und auch Geschäftspartner sollten nicht leer ausgehen. Ihnen kann man zu Weihnachten oder zu besonderen Anlässen eine Freude bereiten.

Was der Volksmund als Lebensweisheit empfiehlt, haben clevere Marketingstrategen schon längst umgesetzt. Geschenkartikelprospekte und Hochglanzbroschüren überschwemmen den Markt. Die Auswahl ist groß und das Angebot vielseitig. Doch entscheiden letztlich der Geschmack und die Beziehung zum Beschenkten über die Auswahl.

- Sich mit kleinen Präsenten bei Geschäftspartnern in Erinnerung rufen.
- Mit kleinen Geschenken Mitarbeiter erfreuen.
- Leistungen honorieren.
- Auszubildende für ihre guten Prüfungsergebnisse loben.

Bei Geldsachen hört die Gemütlichkeit auf

Ausspruch des Abgeordneten David Hansemann im Preußischen Landtag am 8.6.1847

Säumige Zahler, bankrotte Lieferanten, leere Konten und neue Schuldenstände ... wer es gemütlicher haben will, sollte lieber kein Geschäft betreiben. Und wer nun glaubt, das Zitat käme aus der Geschäftswelt, der irrt ebenfalls. Es war ein Abgeordneter des Preußischen Landtags, der 1847 gegen das Junkertum wetterte und jene aufklärerischen Worte sprach. David Hansemann hieß der gute Mann. Ob man ihn verstanden hat? Vielleicht.

Blauäugigkeit kann man gewissenhaften und ehrenwerten Kaufleuten nun doch nicht vorwerfen. Allerdings ist die Toleranzschwelle bei Geldangelegenheiten deutlich gesunken. Bittere Erfahrungen haben zu dieser Einstellung geführt. Zahlungserinnerungen und Mahnverfahren gehören zum Tagesgeschäft wie das Abzählen der Kasseneinnahmen. Die Zeiten sind nicht besser geworden. Der Wettlauf um Geld und Rendite treibt immer neue Blüten. Wer sich gemütlich zurücklehnt und die Beine hochlegt, der sitzt vielleicht schon auf der Verliererbank. Kein Spiel für schwache Nerven.

- Die Toleranzschwelle bei Geldangelegenheiten ist gesunken.
- Zahlungserinnerungen und Mahnverfahren gehören zum täglichen Geschäftsablauf.
- Der Wettlauf um Geld und Rendite treibt immer neue Blüten.
- Wer sich bequem zurücklehnt, sitzt vielleicht schon auf der Verliererbank.

Die Würfel sind gefallen!

Ausspruch von Julius Cäsar, überliefert vom lateinischen Schriftsteller Sueton

„Mag es allen auch schwer gefallen sein, an der Entscheidung gibt es nichts mehr zu rütteln. Punktum." Das waren die letzten Worte des Vorsitzenden und damit wurde die Entscheidung rechtskräftig. Nun sind die Konsequenzen der Entscheidung umzusetzen und auszuhalten. Schließlich gibt es kein Zurück mehr.

Wer hat uns nur dieses Zitat eingebrockt? Es war kein Geringerer als Julius Cäsar, der Machtmensch, der Tyrann. Als er bereits seinen Zenit überschritten hatte, muss er wohl diese Worte gesprochen haben. Der lateinische Schriftsteller und Cäsarbiograf Sueton hat sie für uns aufbewahrt.

In der Geschäftswelt sieht es hingegen etwas anders aus. Da werden Entscheidungen, die unwiderruflich getroffen wurden, dann doch wieder revidiert oder ganz zurückgenommen. Schließlich gibt es keine Götter mehr, denen man sich schicksalhaft verbunden weiß – wie einst bei Cäsar. Der Ausdruck ist daher mit einer Schicksalsfrage verknüpft, die in modernen Unternehmen so nicht mehr gestellt wird.

- Vorschnelle Entscheidungen vermeiden.
- Schichsalsentscheidungen gibt es immer weniger.
- Entscheidungen und Beschlüsse werden häufig revidiert oder ganz zurückgenommen.
- Nichts dem Zufall überlassen.

Schuster, bleib bei deinem Leisten!

Zitat aus einer Anekdote des römischen Historikers Plinius des Älteren

Wenn jemand über genügend Kapital verfügt, um sich auf einem neuen Geschäftsfeld zu betätigen, er aber über unzureichende Fachkenntnisse verfügt, so kann er leicht Schiffbruch erleiden. Dazu gibt es unzählige Beispiele. Die mahnenden Worte „Schuster, bleib bei deinem Leisten!" können deshalb nicht oft genug ausgesprochen werden. Mangelndes Wissen, unzureichende Sachkenntnis und falsche Informationen führen schnell zu Pleiten und Firmenzusammenbrüchen.

Ganz so dramatisch geht es beim römischen Historiker Plinius dem Älteren nicht zu. Er erzählt die Geschichte von einem Maler, der von einem Schuhmacher darauf hingewiesen wird, einen Schuh nicht korrekt abgebildet zu haben. Doch damit nicht genug. Der Schuhmacher erweist sich als strenger Kritiker, der auch noch andere Dinge am Bild bemängelt. Da platzt dem Maler der Kragen und er verweist den Schuster mit den Worten „Nicht, Schuster, über die Sandale hinaus!" in seine Schranken – womit er deutlich machen will, dass der Schuster von der Malerei nichts verstehe und sich deshalb auch kein Urteil erlauben kann. Klare Worte!

Was für Schuhmacher gilt, gilt auch für alle anderen. Wer von fremden Dingen nichts versteht, der sollte lieber sein Geschäft betreiben und nicht mit Besserwisserei andere belehren wollen. Wir haben natürlich übertrieben, jedoch, die Botschaft bleibt.

- Ungenügende Sach- und Fachkenntnisse können den geschäftlichen Erfolg mindern.
- Das eigene Metier nicht ohne zwingenden Grund verlassen.
- Wer sich auf fremden Geschäftsfeldern tummeln will, der sollte sich vorher ausreichend informieren.
- Unzureichende Marktkenntnisse können fatale Folgen haben.

Da war's um ihn geschehn

Zitat aus Johann Wolfgang von Goethes Ballade „Der Fischer"

Nein, so weit wollen wir es nicht kommen lassen, auch wenn die Verlockungen allzu groß sind. Es gilt, Fassung zu bewahren, Widerstand zu bieten und den aufrechten Gang zu üben, wann immer es nötig ist. Doch leichter gesagt als getan. Selbst Berufsfischer sind vor Verführungen und Verlockungen nicht gefeit.

Schenkt man der Ballade „Der Fischer" von Johann Wolfgang von Goethe Glauben, so wird eben jeder Fischer von den Verlockungen einer Nixe heimgesucht. Schließlich erliegt er ihr. Wir können das gut verstehen. Wer wollte sich von einer Nixe wohl nicht verlocken lassen? Doch wie in vielen Märchen und Balladen nimmt die Handlung kein gutes Ende und so sank auch unser Fischer in den Fluten dahin und „ward nicht mehr gesehn". Ein grausiges Ende, sollte man meinen. Goethe wäre aber nicht Goethe, wenn er daraus nicht einen schönen Vers machte. Und so hat das traurige Geschehen ihm die folgenden Verse entlockt:

„Sie sprach zu ihm, sie sang zu ihm;

Da war's um ihn geschehn:

Halb zog sie ihn, halb sank er hin,

Und ward nicht mehr gesehn."

Heute verwenden wir das Zitat als scherzhafte Kommentierung für jene, die entweder hoffnungslos verliebt oder hoffnungslos verschuldet sind. Möge Letzteres unsere Leser nicht in den Abgrund führen – wir geben daher der Liebe den Vorzug!

Ausdruck für

- ein hoffnungsloses Unterfangen
- eine finanzielle Misere
- eine hoffnungslose Situation
- persönliches Scheitern
- eine kritische Situation, in der kaum noch etwas zu retten ist

Sobald das Geld im Kasten klingt

Zitat des Ablasspredigers Johann Tetzel

Wenn das Geld klimpert, ist die Geschäftswelt noch in Ordnung. Nein, so einfach ist die Sache nicht und das hat folgenden Hintergrund: Der Ablassprediger Johann Tetzel (wir wollen seinen Namen nicht verhehlen!) hat im Auftrag der katholischen Kirche einen Ablasshandel betrieben. Von ihm stammt das Zitat

„Sobald das Geld im Kasten klingt,
Die Seele aus dem Fegfeuer springt".

Nun, wir ehrenwerte Kaufleute lassen uns davon nicht beeindrucken – stehen wir doch sowieso mit einem Fuß im Fegefeuer! Damals glaubte man jedoch felsenfest daran. Wer zahlte, dem wurden die Sünden erlassen. Punkt. Heute droht uns zwar niemand mehr mit dem Fegefeuer, wer aber als Steuersünder sein Unwesen treibt, der hat dennoch mit Sanktionen zu rechnen. Wenn auch mit höllischen Strafen nicht gedroht wird, zimperlich ist das Finanzamt nicht. Fazit: Lieber zahlen als braten zumindest im übertragenen Sinne.

- Ordnungsgemäß Steuern und Sozialabgaben entrichten.
- Ordentliche Rechnungs und Buchführung betreiben.
- Hände weg von Manipulationen (sonst droht das Fegefeuer!).

Auf Messers Schneide stehen

Zitat aus dem Versepos „Ilias" des altgriechischen Dichters Homer, 10. Gesang, Vers 173 und 174

„... denn nun steht es allen fürwahr auf der Schärfe des Messers ...", heißt es in der „Ilias" des altgriechischen Dichters Homer. Und wer es genau wissen will, der lese nach: 10. Gesang, Vers 173 und 174. Die Bezeichnungen „Schärfe" und „Messer" deuten die heikle Situation an, in der man sich möglicherweise befindet und dessen kritischer Punkt erreicht ist. In einer solchen Situation entscheidet sich, ob eine Sache scheitert oder Erfolg haben wird. Es steht also „auf Messers Schneide", so die volkstümliche Bezeichnung einer prekären Situation.

In der Businesswelt gehören solche Situationen zum Alltag. Vieles steht dort auf „des Messers Schneide" und kann noch im letzten Augenblick kippen. Geschäfte können noch im letzten Moment platzen und Vertragsverhandlungen scheitern. Ist erst einmal alles unter Dach und Fach, kann durchgeatmet werden.

Weit dramatischer geht es in der „Ilias" zu, jenem Epos aus dem 8. Jahrhundert vor Christus, das Homer unsterblich machte. Als erste erhaltene Dichtung des Abendlandes ist es seitdem die ideale Schullektüre höherer Klassen, denn dieses Werk hatte einen enormen Einfluss auf die griechische Sprache, Literatur und Kultur. Was Homer Ruhm bescherte, macht Schülern das Leben schwer. Jedoch – das Kampfgetümmel zwischen den Griechen und Illion (= Troja) übt nach wie vor noch Faszination aus. Wohl auch deshalb ist man von dieser Lektüre noch nicht abgewichen. Wir wollen den Stoff aber nicht weiter vertiefen und halten uns lieber an das vorgenannte Zitat, dessen „Schärfe" uns einleuchtet.

- Wenn ein kritischer Punkt erreicht wird.
- Alles kann noch im letzten Augenblick scheitern.
- Wenn ein unkalkulierbares Restrisiko bleibt.
- Wenn alles auf dem Spiel steht.

An die große Glocke hängen

Schon bei Matthias Claudius findet sich in dem Gedicht „Ein silbern ABC" diese Redewendung.

„Häng an die große Glocke nicht, Was jemand im Vertrauen spricht …" steht in dem Gedicht „Ein silbern ABC" von Matthias Claudius. Ob dies der Originalbeleg für Herkunft der umgangssprachlichen Redewendung ist, sei dahingestellt. Jedenfalls ist sie in aller Munde. Doch was gut gedacht war, verkehrt sich oft ins Gegenteil. Ausplauderer gibt es überall. Und so kann man nie sicher sein, dass jenes Anvertraute nicht eines Tages als Gesprächsstoff in Bahnhofskneipen landet.

Es ist aber auch möglich, dass die Redewendung Bezug nimmt auf Bekanntmachungen, wie sie früher einmal mit die Schelle des Gemeindedieners unter die Leute gebracht wurden. Jeder konnte das Gebimmel der Schelle hören und wusste, jetzt gibt es Neuigkeiten, Informationen oder behördliche Anweisungen. Kirchenglockengeläut hatte früher einen ähnlichen Zweck. Die Zeiten haben sich geändert.

Im Geschäftsleben sind schrille Töne eher verpönt und so sollte man sorgfältig mit den vertraulichen Informationen umgehen. Nicht jeder schaffte es, ihm Anvertrautes zu behalten und nichts nach außen dringen zu lassen. Und immer weniger Menschen sind bereit, ihre Geheimnisse mit ins Grab zu nehmen. Wer etwas an die große Glocke hängt, der schadet nicht nur den anderen, sondern auch sich selbst. Das ist die Moral von der Geschicht'.

- Mit Anvertrautem sorgsam und diskret umgehen.
- Vertrauliche Informationen sollten nicht in die falschen Hände gelangen.
- Nur vertrauenswürdige Personen einbeziehen.
- Laute und schrille Töne vermeiden.

Die Gelegenheit ist günstig

Redewendung aus dem Schauspiel „Wilhelm Tell" von Friedrich Schiller

Manchmal sind es Zufälle und günstige Gelegenheiten, die ein gutes Geschäft versprechen. Da heißt es: schnell handeln und zugreifen. Neben der guten Marktkenntnis gehören immer auch ein waches Auge und ein sicheres Gespür dazu. Die gewinnen Kaufleute durch jahrelange Marktbeobachtung, durch die tägliche Praxis und umfangreiche Informationsquellen.

Auch für Wilhelm Tell war die Gelegenheit günstig, sich als Held in Szene zu setzen. Friedrich Schiller hat in seinem gleichnamigen Schauspiel den Freiheitskampf der Urkantone um 1300 geschildert. Viele Hürden und Abenteuer musste Wilhelm Tell bestehen, um von den Eidgenossen als Held gefeiert zu werden. Es war nicht immer abzusehen, dass Tell gewinnen und den Sieg davontragen würde. Aber er war besonnen, wagemutig und klug genug, um die günstigen Gelegenheiten für seine Zwecke zu nutzen. Gewiss sind Kaufleute keine Freiheitshelden, aber sie wissen ganz bestimmt, wann eine Gelegenheit günstig ist. Dann trifft auch ihr Pfeil genau ins Schwarze.

- Die günstigen Gelegenheiten erkennen.
- Im richtigen Moment zugreifen.
- Besonnen, wagemutig und klug vorgehen.

Da liegt der Hase im Pfeffer

Umgangssprachliche Redewendung aus dem Volksmund

Hasenbraten in Pfeffersoße? Keine Angst, wir wollen unsere Sprichwörter nicht zu Kochrezepten ummünzen. Bei diesem Zitat riecht es aber förmlich nach Hasenbraten. Hat etwa ein Koch bei der Entstehung des Zitats mitgewirkt? Wir wissen es nicht. Die Herkunft dieser umgangssprachlichen Redewendung ist so rätselhaft wie der Hase selber. Und wann der Pfeffer hinzugekommen ist, weiß auch kein Mensch genau zu sagen. Eindeutig ist jedenfalls die Bedeutung und der Gebrauch jener Redensart. Wenn man erkennt, worin die Ursache besteht und den eigentlichen Kern (Pfefferkern!) einer Sache oder eines Sachverhaltes ausgemacht hat, dann ist der Ausspruch vom „Hasen im Pfeffer" zutreffend.

Ist eine Statistik falsch, so kann dies mehrere Ursachen haben. Wenn allerdings falsch erfasst und gerechnet wurde, ist die Sache klar und „der Hase im Pfeffer" erkannt. Eine Warensendung trifft deshalb nicht pünktlich ein, weil eine Terminvereinbarung versäumt wurde. Auch da „liegt der Hase im Pfeffer". Mit diesen Beispielen wird deutlich, was mit der Redensart gemeint ist. Armer Hase!

- Wenn die Ursache erkannt wird.
- Wenn der Kern einer Sache oder eines Sachverhalts lokalisiert wird.
- Wenn ein Fehler entdeckt wurde.
- Wenn die Fehlerquelle eruiert wird.

Das Angenehme mit dem Nützlichen verbinden

Das Zitat geht auf den Vers 343 der „Ars poetica" des Dichters Horaz zurück.

Haben Sie schon einmal etwas von der „Ars poetica" gehört? Nein? Aber der Ausspruch ist Ihnen geläufig. Schön. Dann kennen Sie eines der wohlklingendsten Zitate der Antike. Kein Geringerer als Horaz hat in seinen Versen jene gelobt, die es vermochten, das Angenehme mit dem Nützlichen zu „vermischen".

Klingt gut und ist gut. Denn was für die Dichter der Antike galt, muss erst recht für uns heute gelten. Sie wissen es ja selbst am besten: Eine angenehme Gesprächsatmosphäre, ein wohltuendes Ambiente, ein entspanntes Begleitprogramm machen die Geschäftsbeziehungen umso erfolgreicher.

- Geschäftstreffen vorbereiten.
- Kontakt zu Geschäftspartnern vertiefen.
- Geschäftsbeziehungen fördern.
- Programm für Geschäftsfreunde gestalten.
- Für eine gute Atmosphäre sorgen.
- Geschäftsreisen planen.

Die Gelegenheit beim Schopf fassen

Diese Redewendung hat ihren Ursprung in der griechischen Mythologie und geht auf ein Bild des griechischen Gottes Kairos zurück.

Managern stehen nicht immer die Götter zur Seite. Auch der Gott Kairos aus der griechischen Mythologie ist nicht immer zur Stelle. Dennoch gilt er als Gott der „günstigen Gelegenheiten". Ihn hat ein griechischer Bildhauer mit einem lockigen Haarschopf dargestellt, deshalb der Ausdruck „... beim Schopf fassen".

Gemeint ist jedoch, den günstigen Augenblick zu erkennen, zuzugreifen, rasch zu handeln, eben die Gelegenheit zu nutzen, die wahrscheinlich so nicht wiederkehrt. Diese Redewendung kann auf fast alle Bereiche übertragen werden, wo schnelles Handeln und rasche Entscheidungen gefragt sind. Ein Brief an Einkäufer/Verkäufer könnte mit dieser Redewendung beginnen und sie dazu auffordern nach Gelegenheiten am Markt zu suchen, oder vorhandene besser auszuschöpfen.

- Chancen wahrnehmen.
- Möglichkeiten ausloten.
- Zufälle nutzen.
- Aufmerksamkeit üben.
- Rasches Handeln.

Aber hier, wie überhaupt, kommt es anders, als man glaubt

Zitat aus der Bildergeschichte „Plisch und Plum" von Wilhelm Busch

Überraschungen prägen das Geschäftsleben ebenso wie unvorhergesehene Ereignisse, auch wenn Hunde dabei keine Rolle spielen. Anders bei Wilhelm Buschs Bildergeschichte „Plisch und Plum" aus dem Jahre 1882, in der zwei junge Hunde ertränkt werden sollen. Doch kommt es nicht dazu, denn zwei Jungen können sie rechtzeitig retten. Eine schöne Tat, denkt man. Die Moral von der Geschicht' ist jedoch eine andere: Das Schicksal der Hunde schien beschlossen, wären da nicht zwei Jungen gewesen, die heimlich eine Rettungsaktion planten und somit das Blatt wendeten.

Ein Lehrstück, wie es es – in übertragenem Sinne – auch in der Wirtschaft nicht selten vorkommt. Momente des Stillstands, der Stagnation und der Ausweglosigkeit münden plötzlich in Aufbruch, Überwindung von Hindernissen und in neuen Perpektiven. Oft in letzter Minute. Unternehmen können und müssen in schwierigen Zeiten flexibel reagieren und auf alle möglichen Szenarien vorbereitet sein. Da bewahrheitet sich ein solcher Spruch!

- Unübersichtliche Lage
- Offener Ausgang
- Zukunftsvisionen und -szenarien entwerfen.
- Auf alles gefasst sein.
- Den plötzlichen Wandel akzeptieren.
- Unwägbarkeiten und Überraschungsmomente einkalkulieren.

Der kluge Mann baut vor

Zitat aus dem Schauspiel „Wilhelm Tell" von Friedrich Schiller

Noch stehst du unversehrt – willst du erwarten,

Bis er die böse Lust an dir gebüßt?

Der kluge Mann baut vor.

So heißt es im „Wilhelm Tell" von Friedrich Schiller. Die mahnenden Worte spricht im 1. Akt Gertrud Stauffacher zu ihrem Mann. Der will sich dem Druck des Reichsvogts Geßler nicht beugen und hält nach Verbündeten Ausschau. Er weiß, mit dem Reichsvogt ist nicht zu spaßen, deshalb ist es besser, Vorsorge zu treffen und sich gegen dessen Willkür und Repressalien zu wehren.

Überhaupt ist Vorsorge eine kluge und lebensnotwendige Maßnahme. Geldreserven und Rücklagen zu bilden, Reservelager zu unterhalten und Ressourcen zu erweitern sind geeignete Mittel, um vor Notfällen und Extremsituationen geschützt zu sein. Die wirtschaftliche Situation eines Unternehmens ist nicht immer rosig. Da ist es ratsam, auf vorhandene Reserven und Ressourcen zurückzugreifen. Andernfalls gerät man in Abhängigkeiten und in die Schuldenfalle. Im Privatleben haben wir für alle möglichen Wechselfälle des Lebens Vorsorge getroffen und Versicherungen abgeschlossen. Vorkehrungen dieser Art sind auf das Geschäftsleben nur bedingt anwendbar. Trotzdem ist es ratsam, gerade auf diesem Gebiet Vorsorge zu treffen und langfristig zu planen. Wenn Sie zu dem Kreis jener klugen Männer und Frauen gehören, dann können Sie beruhigt in die Zukunft blicken.

- Vorkehrungen für Notfälle und Extremsituationen treffen.
- Ressourcen bilden.
- Ein Reservelager unterhalten.
- Rücklagen bilden.
- Über eine Geldreserve verfügen.

In Bausch und Bogen

Diese Redewendung stammt aus der Rechts- und Kaufmannssprache

Endlich einmal eine Redewendung, die in der Kaufmannssprache ihren Ursprung hat. Unter der Bezeichnung „Bausch und Bogen" verstand man die Abmessung eines Grundstücks. „Bausch" bezeichnete die nach außen gehende Grenze eines Grundstücks, „Bogen" dagegen die nach innen gehende Biegung. Für Käufer und Verkäufer war dies eine gute Bemessungsgrundlage, um den Wert eines Grundstücks festzustellen. Genau war diese Berechnung allerdings nicht, denn sie schloss Abweichungen im Grenzverlauf nicht aus, was ein Nachteil für den Käufer sein konnte.

Das Sprichwort wird heute meistens im Zusammenhang mit einer ablehnenden Haltung verwendet: „Er lehnte das Angebot in Bausch und Bogen ab." Oder: „Die Entscheidung der Geschäftsleitung lehnte er in Bausch und Bogen ab." In „Bausch und Bogen" bedeutet also „ganz und gar, vollständig, rundweg, absolut, pauschal".

Eine solche Haltung stößt im Allgemeinen auf wenig Gegenliebe. Man wirft solchen Personen und Parteien in der Regel mangelnde Kompromissbereitschaft und ein Festhalten an starren Positionen vor. Wer sich vor dieser Art der Vorverurteilung schützen möchte, der prüfe vorher genau, ob der kompromisslose und starre Standpunkt gerechtfertigt ist. Zusammengefasst: In Bausch und Bogen etwas abzulehnen ist leicht – die Ablehnung zu begründen oder zu rechtfertigen dagegen schwer.

- Die Redewendung wird oft im Zusammenhang mit einer ablehnenden Haltung verwendet.
- Wer eine solche ablehnende Haltun an den Tag legt, sieht sich möglicherweise im Zugzwang, diese begründen und rechtfertigen zu müssen.
- Es besteht die Gefahr, als überheblich und besserwisserisch zu gelten.

Jemanden bei der Stange halten

Volkstümliche Redensart

Es ist nicht so einfach, jemanden bei der Stange zu halten. Im Militärjargon, in dem diese Redensart wahrscheinlich ihren Ursprung hat, liegen die Dinge anders. Eine Fahne (Stange) zeigt an, wo sich der Soldat einzufinden und mit den anderen zu versammeln hat. Die Stange kennzeichnet diesen Punkt und kann in der Regel nicht übersehen werden.

Ein Manager, Abteilungs- oder Teamleiter muss ebenfalls seine Mannschaft bei der Stange halten und einen Orientierungspunkt vereinbaren. Steht noch eine wichtige Entscheidung aus, von der ein guter Kunde betroffen ist, so muss dieser erst einmal bei der Stange gehalten werden. Das kann durch Absichtserklärungen oder beruhigende Worte geschehen. Hauptsache, der Kunde geht nicht verloren und kann noch ein wenig hingehalten werden. In dieser Situation ist Fingerspitzengefühl und Einfühlungsvermögen angesagt, denn das Risiko, einen Kunden zu verärgern und zu verlieren, ist nicht gering. Also, Flagge hissen und klare Position beziehen!

- Abteilungs- und Teamleiter müssen ihre „Mannschaft" bei der Stange halten und einen Orientierungspunkt vereinbaren.
- Manchmal müssen auch Kunden und gute Geschäftspartner bei der Stange gehalten werden.
- Mit Absichtserklärungen und beruhigenden Worten kann schon viel erreicht werden.
- Mit Fingerspitzengefühl und Einfühlungsvermögen kann man jemanden bei der Stange gehalten werden.

Persönlichkeit

Wer was werden will, muss sich sputen, denn andere haben das gleiche Ziel. Der Weg nach oben ist oft steil und die Luft wird dünn. Und Stolpersteine gibt es auch. Doch keine Angst, mit der richtigen Strategie und persönlichem Engagement im Gepäck gelingt der Aufstieg. Beides muss jedoch vorhanden sein: profundes Wissen und professionelle Personality. Dies gilt für alte Hasen ebenso wie für Anfänger. Die Sprichwörter machen deutlich, was gemeint ist.

Hier die Auswahl:

Es wächst der Mensch mit seinen größern Zwecken

Sich mit fremden Federn schmücken

Die Bäume wachsen nicht in den Himmel

Freie Bahn dem Tüchtigen

Viele Wege führen nach Rom

Ein Damoklesschwert über sich hängen haben

Mit beiden Beinen auf der Erde stehen

Kein Mensch muss müssen

Gelobt sei, was hart macht

Sich die ersten Sporen verdienen

Es bildet ein Talent sich in der Stille, sich ein Charakter in dem Strom der Welt

Mit seinen Pfunden wuchern

Wer immer strebend sich bemüht

Hans im Glück

Arbeit macht das Leben süß

Genie ist Fleiß

Mit Verlaub, ich bin so frei

Courage ist gut, Ausdauer ist besser

Jeder ist seines Glückes Schmied

Man hat's oder man hat's nicht

Die Flinte ins Korn werfen

Nur Beharrung führt zum Ziel

Was mich nicht umbringt, macht mich stärker

Edel sei der Mensch, hilfreich und gut

Denn ich bin ein Mensch gewesen, und das heißt ein Kämpfer sein

Wer gar zu viel bedenkt, wird wenig leisten

Spieglein, Spieglein an der Wand

Es wächst der Mensch mit seinen größern Zwecken

Zitat aus der Tragödie „Wallenstein" (Das Lager) von Friedrich Schiller

Junge Menschen haben, wenn sie am Beginn ihrer Laufbahn stehen, oft Angst vor größeren Aufgaben. Aber auch ältere Menschen kennen dieses Phänomen. Man fühlt sich der Aufgabe nicht gewachsen und wiegelt lieber ab. In Schillers Prolog zu „Wallensteins Lager" fällt jener Satz, über den hier zu sprechen ist. Nun war Wallenstein (Feldherr des Kaisers im Dreißigjährigen Krieg) gewiss kein Angsthase. Er setzte viel aufs Spiel, riskierte seine Existenz und wagte es sogar, dem Kaiser zu widersprechen. Dieser blieb nicht untätig und versuchte den immer mächtiger werdenden Feldherrn einzuschüchtern. Ohne Erfolg.

An diesem Beispiel können wir erkennen, dass mit den größeren Zwecken und Aufgaben auch die Persönlichkeit wächst und reift. Es ist deshalb nötig, sich den Herausforderungen zu stellen, den Aufgaben nicht auszuweichen und den Zwecken (sofern sie gute sind) zu dienen. Dies erfordert meist großen persönlichen Einsatz. Einsatz und Leistung müssen sich aber auch lohnen. Wer seine Aufgaben erfüllt, der soll den verdienten Lohn erhalten, der darf auf Anerkennung hoffen. Aus diesem Wechselspiel profitiert nicht nur der Einzelne, sondern auch die Gesellschaft.

- Sich Herausforderungen stellen.
- Die eigene Leistungsfähigkeit erproben.
- Leistung muss sich lohnen.
- Öffentliche Anerkennung stärkt das Selbstbewusstsein.

Sich mit fremden Federn schmücken

Ähnliche Zitate finden sich in der Fabel „Die Dohle und die Eule" des Griechen Aisopos und bei dem Römer Phaedrus wieder.

Es ist nie gut, wenn Sie sich mit den Leistungen und Verdiensten der anderen schmücken, besonders dann nicht, wenn es sich auch noch um Ihre Vorgesetzten handelt. Möglich, dass man am Erfolg der anderen entscheidenden Anteil hatte und auch in erheblichem Maße mit seinem Fachwissen dazu beigetragen hat. Doch wäre es taktisch unklug, den Erfolg persönlich einzuheimsen. Machen Sie sich stattdessen für Ihren Vorgesetzten zu einem unentbehrlichen Helfer, Leistungsträger und Könner. Denn sein Erfolg könnte auf lange Sicht auch Ihr Erfolg werden. Der Aufstieg Ihres Vorgesetzten kann also auch einen Aufstieg Ihrerseits nach sich ziehen. Plötzlich fallen neue Aufgaben und Anforderungen an. Außerdem ist die Stelle gut dotiert und ein weiterer Baustein auf Ihrem Karriereweg.

Die bekannte Redensart hat inzwischen europäisches Format erreicht und ist in der englischen, französischen und dänischen Sprache geläufig. Karriere kennt eben keine Grenzen. Woher kommt die Redensart? Wer ist ihr Verfasser? Die Quellenforschung weist eine ähnliche Redensart in der Fabel „Die Dohle und die Eule" des Griechen Aisopos und beim Römer Phaedrus auf, der von einer Krähe erzählt, die sich mit schönen Pfauenfedern schmückt.

Verzichten Sie auf solche Eitelkeiten. Eine reife und leistungsstarke Persönlichkeit wie Sie hat keinen Federschmuck nötig.

- Der Erfolg Ihres Vorgesetzten könnte auf lange Sicht auch Ihr Erfolg werden.
- Ihre Leistungen und Talente müssen Sie nicht verstecken.
- Eine reife und leistungsstarke Persönlichkeit hat „fremden Federschmuck" nicht nötig.

Die Bäume wachsen nicht in den Himmel

Volkstümliche Weisheit

Anders ausgedrückt: Bei allem Erfolg, beruflich wie privat, gibt es Grenzen, die das Schicksal setzt. Dann ist der Punkt gekommen, wo es nicht mehr weitergeht. Spätestens jetzt dämmert es den meisten, dass die Bäume nicht in den Himmel wachsen. Die Bäume, von denen alle träumen, mögen zwar groß, stark und mächtig sein, aber ihr Wachstum ist doch in Wirklichkeit begrenzt und reicht nicht einmal bis zur Kirchturmspitze. Schon der kleinste Windstoß kann die Kronen der Bäume ins Wanken bringen; Blitz und Donner tun ein Übriges. Also lieber Bodenhaftung bewahren und nicht abheben!

Diese Faustregel sollten nicht nur Karrieremenschen beherzigen, sie gilt für jeden. Wer seine Fähigkeiten, Neigungen und Wünsche der Realität anpasst, dem bleiben oft grundlegende Erschütterungen erspart. Das Leben meint es nicht mit jedem gleich gut. Zu unterschiedlich sind die Lebens- und Berufswege der Menschen, zu unterschiedlich die Ausgangsposition. Der eine kommt mit den größten Anstrengungen nicht voran, dem anderen gelingt alles mit leichter Hand. Die einen tummeln sich an den Erdwurzeln, die anderen nisten sich in den Baumkronen ein. Ein aufregendes Abenteuer ist das Leben allemal. In allem gilt es die Balance zu halten, die realen Möglichkeiten anzuerkennen und nicht über das eigene Ziel hinauszuschießen. Wer dennoch an den Wolken kratzen will, der mache den Versuch.

- In allen Lebenslagen Bodenhaftung bewahren.
- Den Realitätssinn nicht verlieren.
- Das Machbare ins Auge fassen.
- Erreichbare Ziele setzen.

Freie Bahn dem Tüchtigen

Zitat des Reichskanzlers Theobald von Bethmann-Hollweg

... möchte man annehmen. Doch oft genug liegen viele Hindernisse im Weg und die Türen stehen nicht immer offen. In einer Sitzung des Reichstags vom 28.9.1916 prägte der damalige Reichskanzler Theobald von Bethmann-Hollweg diesen Ausspruch. Hollweg war ein typischer Karrieremensch, der ziel- und geradlinig seine Pläne verfolgte. Freilich nicht immer zum Gemeinwohl.

Einerseits möchte man dem Tüchtigen und Fähigen freie Bahn wünschen, andererseits gefährden Alleingänge und egoistische Motive das Wohl der Gemeinschaft. Jedoch soll und muss dem Tüchtigen Gelegenheit gegeben werden, sich zu beweisen. Und wenn er etwas gut macht, dann soll er sich auch entfalten dürfen. Dient sein Streben aber nur den eigenen Zielen und Zwecken, ist Einhalt zu gebieten, denn es besteht die Gefahr des Eigennutzes und der Eigensucht. Das aber wäre eine falsche Entwicklung.

- Der Tüchtige und Fähige soll sich entfalten dürfen.
- Dem Tüchtigen soll Gelegenheit gegeben werden, sich zu beweisen.
- Den egoistischen Zwecken und Motiven Einhalt gebieten.

Viele Wege führen nach Rom

Die Herkunft dieses bekannten Zitates ist unklar

So unklar wie die Wege selbst, so unklar ist die Herkunft des Zitats. Was es hingegen meint, scheint auch simplen Geistern einzuleuchten: Es gibt verschiedene Methoden und Möglichkeiten, ein Ziel zu erreichen. Als Rom noch der Mittelpunkt der Welt war, war die Sache klar: Irgendwann zog es jeden einmal in die Ewige Stadt. Um hinzukommen, nahm man sogar Umwege in Kauf.

In unserer modernen Welt sind außer Rom auch noch andere Dinge in den Mittelpunkt getreten. Geld, Macht und Ansehen sind die neuen und alten Statussymbole, die zu erreichen alle Mühe wert sind. Damit bekommt das Zitat eine übertragene Bedeutung. Einfacher haben es die Touristen, denen weder an Geld, Macht noch Ansehen gelegen ist, sie kaufen sich einfach ein Ticket und fliegen dorthin. Karrieremenschen haben es dagegen schwerer, sie müssen, um nach „Rom" zu gelangen, viele (Um-)Wege in Kauf nehmen.

- Es gibt viele Wege und Methoden, um ein Ziel zu erreichen.
- Wer den Karriereweg wählt, muss auch Umwege in Kauf nehmen.
- Nicht jeder Weg führt direkt zum Ziel.

Ein Damokles-schwert über sich hängen haben

Zitat aus einer Erzählung über den Höfling Damokles; die antiken Autoren Cicero und Horaz werden gleichermaßen als Urheber genannt.

„Das Glück hängt oft an einem seidenen Faden", so lautet ein anderes Sprichwort. Beide Sprichwörter machen deutlich, dass unsere Glücksphase ein schnelles Ende haben kann und der äußeren Bedrohung ausgesetzt ist. Die äußere Bedrohung kommt sinngemäß einem Damoklesschwert gleich, das über unseren Köpfen hängt.

Am anschaulichsten berichten die antiken Autoren Cicero oder Horaz darüber. Sie erzählen folgende Parabel: Am Hofe des Tyrannen Dionys I. von Syrakus (um 400 vor Chr.) gab es einen Günstling namens Damokles. Dieser Damokles beneidete seinen Herrscher um dessen Machtfülle und Prachtentfaltung. Damokles wähnte den Herrscher im Glück. Bei einem Festmahl am Tisch des Tyrannen ließ Dionys I. ein Schwert über das Haupt von Damokles anbringen. Dieses Schwert war lediglich an einem Pferdehaar befestigt und konnte jederzeit herabfallen. Mit dieser Vorrichtung sollte Damokles die Brüchigkeit und äußere Bedrohung des Glückes vor Augen geführt werden. Zweifellos eine waghalsige Demonstration!

Und doch trifft es genau den Punkt. Das Glück ist kein Dauerzustand, auf den wir uns einstellen können. Es hält meist nur eine kurze Zeit an und verflüchtigt sich dann wieder. Was lernen wir daraus? Überbewerte deine Glücksphase nicht und spiele nicht mit dem Glück. Es kann schnell vorüber sein.

- Die Bedrohung des Glücks erkennen.
- Das Glück ist kein Dauerzustand, auf den wir uns verlassen können.
- Bleibe Realist und halte dich ans Machbare.
- Spiele nicht mit dem Glück und fordere es nicht heraus.

Mit beiden Beinen auf der Erde stehen

Redensart aus dem Volksmund

Wer mit beiden Beinen fest auf der Erde steht, hat auch Erfolg. Menschen, die sich nur Illusionen hingeben und ein falsches Bild von sich und der Welt haben, scheitern schon nach wenigen Schritten. Der Realist und Praktiker wägt jeden Schritt ab. Er weiß, was geht und was nicht geht. Und er mutet sich auch nicht zu viel zu; er kennt seine Stärken und Schwächen.

Im Volksmund ist diese Redensart weit verbreitet. Man weiß Bodenhaftigkeit zu schätzen. Karrieremenschen begreifen schnell, dass die Karriereleiter viele Sprossen hat und nicht endlos in den Himmel führt. Ebenso bieten Luftschlösser keinen idealen Wohnraum und Luftballons zerplatzen so schnell wie Träume. Wer ein klares und objektives Bild von sich und der Welt hat, kann besser mit Problemen und Schwierigkeiten umgehen. Er erspart sich und anderen Enttäuschungen.

- Den Realitätssinn schärfen.
- Vorstellungen und Wünsche miteinander in Einklang bringen
- Ein klares und objektives Bild von sich und der Welt gewinnen.
- Mit Problemen und Schwierigkeiten selbstbewusst umgehen.

Kein Mensch muss müssen

Zitat aus dem Drama „Nathan der Weise" von Gotthold Epharim Lessing

Stimmt! Aber hin und wieder muss man über den eigenen Schatten springen und sei es nur, um ein Versprechen einzulösen oder eine Zusage zu erfüllen. Wenn es allerdings darum geht, dass einem etwas gegen den eigenen Willen aufgedrückt werden soll, so gilt dieses Zitat erst recht.

Nathan: Kein Mensch muß müssen und ein Derwisch müsste?

Was müsst' er denn?

Derwisch: Warum man ihn recht bittet.

Und er für gut erkennt: das muß ein Derwisch.

Im Drama „Nathan der Weise" von Gotthold Ephraim Lessing kommt diese Stelle vor. Wo Menschen unter Zwang handeln und ihnen der Sinn ihrer Handlungen unklar bleibt, kommt es zu Missverständnissen und zu Unzufriedenheit. Die Redensart „Kein Mensch muss müssen" darf aber nicht als anarchischer Freiraum verstanden werden, in dem jeder tun kann was er will. Ein Mindestmaß an Regeln und Vorschriften ist nötig, um ein Miteinander zu ermöglichen. Damals wie heute.

- Die freie Willensbestimmung des Individuums anerkennen und respektieren.
- Andersdenkende dürfen nicht behindert und ausgeschlossen werden.
- Der Mensch ist kein Automat, der nach Verfügbarkeit funktioniert.

Gelobt sei, was hart macht

*Zitat aus „Zarathustra",
dritter Teil „Der Wanderer"
von Friedrich Nietzsche*

Ausgerechnet der kränkelnde Philosoph Friedrich Nietzsche hat diese Redensart formuliert. Diese markigen Worte stehen im dritten Teil des „Zarathustra" (Der Wanderer). Dort lesen wir von einem mühsamen Aufstieg zu einem Gipfel. Jeder Schritt wird zur Qual, der Aufstieg zur Tortur. Das Seelenbarometer – wie kann es auch anders sein – fällt auf den Tiefpunkt. Zarathustra weiß nicht ein noch aus. Er ist mit seinen Kräften am Ende. Doch er will nicht aufgeben. Im letzten Augenblick spricht er sich folgende Mut machenden Worte zu: „Wer sich stets viel geschont hat, der kränkelt zuletzt an seiner vielen Schonung. Gelobt sei, was hart macht." Gestärkt von diesen Worten setzt Zarathustra die Wanderung fort.

Im Leben gibt es immer wieder Momente des Stillstands, in denen das seelische Gleichgewicht aus den Fugen gerät. Krisensituationen gibt es auch im Berufsleben: Misserfolge versperren den Weg nach oben. Kritik und Arbeitsbelastung gefährden die innere Stabilität. Wer denkt da nicht manchmal ans Aufgeben?! Jedoch bewirkt Schonung auch das Gegenteil, da können schon die kleinsten Belastungen zum Problem werden. Wir bleiben bei Nietzsches Wort und nehmen deshalb Fleiß, Mühsal und Entbehrung in Kauf.

- Nicht gleich kapitulieren.
- Kräfte sammeln.
- Sich Mut zusprechen.
- Das seelische Gleichgewicht wiederfinden.
- Sich selbst motivieren.

Sich die ersten Sporen verdienen

Sporen sind bereits seit der Antike bekannt und prägen daher diese Redensart.

Seit der Antike kennt man zum Antreiben der Pferde Sporen. Im Mittelalter gehören sie zur Grundausstattung der Rittersleute. Goldene Sporen waren Zeichen einer besonderen Ritterwürde und gesellschaftlichen Stellung. Die Bezeichnung verwenden wir heute vor allem bei jenen, die sich erste Erfolge und Anerkennung verschafft haben. Darunter sind viele Berufsanfänger, Einsteiger und Karrieristen.

Doch ist es nicht so leicht, Aufmerksamkeit und Anerkennung zu finden. Besonders Berufsanfänger müssen sich die „ersten Sporen" hart verdienen, denn die Wege nach oben sind nicht immer mit Asphalt gepflastert. Gut, wenn man jemanden an seiner Seite weiß, der hilft und nützliche Ratschläge gibt. Das gilt für Berufs- und Privatleben gleichermaßen. Doch wer nicht wagt, der nicht gewinnt. Wer vom Pferde fällt und hart auf den Boden stürzt, der lernt auch das schnelle Aufstehen wieder.

- Ratschläge und Hilfe annehmen.
- Sich nicht entmutigen lassen.
- Das „Aufstehen" lernen.

Es bildet ein Talent sich in der Stille, sich ein Charakter in dem Strom der Welt

Zitat aus dem Schauspiel „Torquato Tasso" von Johann Wolfgang von Goethe

„… und wer etwas werden will, der reise in die weite Welt", so müsste man ergänzen. Nein, der Autor dieses Buches will nicht in Konkurrenz zu unserem hochverehrten Dichterfürsten Johann Wolfgang von Goethe treten. Ihm sei deshalb diese eine Zeile erlaubt, um darauf hinweisen, dass sich Charakter, Talent und Karriere vorzüglich auch im Ausland weiterentwickeln lassen. Viele Unternehmen legen auf diese Erfahrungen besonderen Wert. Es sind deshalb nicht nur die Fremdsprachenkenntnisse, die ein Absolvent erwerben soll, auch die Formung seiner Persönlichkeit spielt bei einem Auslandsaufenthalt eine wichtige Rolle. Da die Lebensbedingungen andere als in der Heimat sind, zeigt sich hier am eindrucksvollsten, was der Einzelne zu leisten vermag. Ob sich jemand bewährt, beweist die Zeit und das Betätigungsfeld. Es kann jedenfalls nicht schaden, andere Mentalitäten kennen zu lernen und sein Talent unter anderen Umständen weiterzuentwickeln.

Goethe, der Vielgereiste, hatte vielleicht nicht gerade die Karrieresprünge junger Menschen im Sinn, als er dies schrieb, aber er wusste um den Wert solcher Studien. In Goethes Schauspiel „Torquato Tasso" wird jenem Dichter, der dem Herzog als scheuer Stubenhocker aufgefallen ist, ans Herz gelegt, sich mehr den gesellschaftlichen Aufgaben zu stellen und ins Leben hinauszutreten. Diese Empfehlung wollen wir gerne weitergeben.

- Ein Talent muss reifen und sich bewähren.
- Auch die Persönlichkeit wird in einer anderen Umgebung gefördert.
- Andere Menschen und Mentalitäten kennen zu lernen ist immer eine Bereicherung.

Mit seinen Pfunden wuchern

Nach Lukas 19,11–28, Neues Testament

Wer allzu bescheiden ist, kommt nicht weit. Und warum sollte man seine Fähigkeiten und Talente auch verbergen? In der Bibel ist zu diesem Thema ausführlich die Rede, Lukas 19,11-28 gibt Auskunft dazu. Es gibt zu dieser Bibelstelle viele Interpretationen, gleichwohl wird immer wieder auf die Vermehrung und den guten Nutzen hingewiesen, die derjenige ins Spiel bringt, der „mit seinen Pfunden wuchert".

Wenn ein Mensch über besondere Talente und Fähigkeiten verfügt, dann sollte er sie zum Wohle und Nutzen der Gemeinschaft einsetzen. Es wäre geradezu frevelhaft, wenn er dies nicht tun würde und seine Talente verkümmern müssten. Besondere Anlagen und Talente sollten aber auch gefördert und dort eingesetzt werden, wo sie etwas bewirken können. Umgekehrt können bestimmte Anlagen und Fähigkeiten auch zu egoistischen Zwecken missbraucht werden, dann müssen Grenzen gezogen werden. Jedenfalls macht es Sinn, Begabungen und Talente nach außen zu tragen, denn nur dadurch können sie weiterentwickelt und gefördert werden.

- Die Talente, Begabungen und guten Anlagen der Mitarbeiter fördern und gezielt einsetzen.
- Die eigenen Talenten und Begabungen nicht verstecken.

Wer immer strebend sich bemüht

Zitat aus der Tragödie „Faust II", 5. Akt „Bergschluchten" von Johann Wolfgang von Goethe

„… den können wir erlösen", singen die Engel in Goethes Faust II, 5. Akt „Bergschluchten" von 1831. Es könnte aber auch heißen: Wer immer strebend sich bemüht, kommt ans Ziel. Kurz gesagt: Karrieremachen war schon immer eine anstrengende und mühevolle Beschäftigung. Zu Goethes Zeiten ebenso wie heute. Wer sich nicht bewegt, bleibt stehen, verspielt Chancen. Flexibiliät und Anpassungsfähigkeit sind deshalb entscheidende Kriterien für einen Karrieresprung. Voraussetzung ist dazu der Wille zu Leistung und Weiterbildung, denn selten gelingt der Einstieg auf Anhieb und Türen öffnen sich nicht von selbst. Brüche in Lebensläufen gibt es allemal, Rückschläge ebenso. Doch wer sein Ziel fest im Auge behält, der wird sich nicht von Widrigkeiten abschrecken lassen. Darum geht es schließlich: strebend nach vorne zu blicken und seinen Weg zu gehen.

- Karrierewege verlaufen oft anstrengend und mühsam.
- Flexibilität und Anpassungsvermögen sind Kriterien für einen erfolgreichen Aufstieg.
- Von Rückschlägen nicht entmutigen lassen.
- Leistung führt schließlich zum Erfolg.

Hans im Glück

Titel nach dem gleichnamigen Märchen der Gebrüder Grimm

Es war einmal ein gutmütiger junger Bursche, der hatte sich seinen Lohn von sieben Jahren als Goldklumpen auszahlen lassen. Diesen Goldklumpen hatte er bei einem leichtsinnigen Tauschhandel weggegeben. Es sollte noch schlimmer kommen. In weiteren, für ihn ungünstigen Tauschgeschäften, verlor er seinen gesamten Besitz. Nun konnte er nur noch einen Schleifstein sein Eigen nennen. Doch nicht genug des Unglücks, fiel dieser Schleifstein auch noch in einen Brunnen hinein. Der Bursche jedoch schien unbekümmert und sogar erleichtert darüber zu sein. Er fühlte sich befreit von der Last des Goldes und des Besitzes. So steht es jedenfalls im gleichnamigen Märchen der Gebrüder Grimm. Was ist die Moral von der Geschicht', wird sich der Leser fragen.

Mit diesem Hans wird uns ein Mensch vorgeführt, der unbekümmert – trotz der Widrigkeiten und Unglücksfälle – sorglos seines Weges geht. Nun, ganz so einfach ist auch nicht. Schließlich haben die Menschen unserer Zeitrechnung nicht nur Schleifsteine zu verlieren. Etwas Vorsorge und Planung tut gut, auch wenn man dabei übertreiben kann. Ein wenig mehr Sorglosigkeit macht das Leben angenehmer, es lässt Überraschungen, plötzliche Wendungen und unverhoffte Glücksmomente zu. Hans im Glück eben.

- Im Leben offen sein für Zufälle und Überraschungen.
- Wer verbissen den Erfolg sucht, wird oft enttäuscht.
- Ein wenig mehr Sorglosigkeit erhöht die Lebensfreude.
- Vorsorge ist ratsam, sollte aber nicht übertrieben werden.

Arbeit macht das Leben süß

Zitat aus den dem Gedicht „Arbeit" von Gottlob Wilhelm Burmann

Wer mag wohl diese Redensart erfunden haben? Es ist anzunehmen, dass sie keine Erfindung eines hart arbeitenden Menschen ist. Wir dürfen daher vermuten, dass ein feinsinniger und geistvoller Kopf hinter dieser Bemerkung steckt. Tatsächlich war ein solcher gewiss auch Gottlob Wilhelm Burmann. Er verfasste hauptsächlich Lyrik und darf damit als Schöngeist gelten. Am Anfang seines Gedichts „Arbeit" formulierte er jenen Satz, über den man bestenfalls nur noch schmunzeln kann. Dazu bestimmt, die Jugend jener Jahre zur Arbeit anzuhalten, ihnen diese besonders schmackhaft zu machen, schrieb er vielerlei, darunter die „Kleinen Lieder für kleine Jünglinge."

Wer aber mag heute noch daraus schöpfen? Allenfalls empfinden wir diese Aussage als Spöttelei, die nicht ernst zu nehmen ist, insbesondere dann nicht, wenn uns selbst die Arbeit über den Kopf wächst. Wie soll da Arbeit noch Spaß machen?

Die Arbeit soll Spaß machen, vor allem aber darf sie uns nicht auffressen. Wir können selbst für einen verantwortungsvollen Umgang mit der Arbeit sorgen, indem wir uns nicht zu viel zumuten und die Arbeit besser verteilen. Arbeitsteilung nennt man diesen Vorgang. Vielleicht macht die Arbeit wieder mehr Spaß, wenn sie auf mehrere Schultern verteilt wird. Ausprobieren!

- Sich nicht zu viel zumuten.
- Arbeitsüberlastung vermeiden.
- Sinnvoll und verantwortbar mit der Arbeit umgehen.
- Arbeitsteilung hilft, die Arbeit besser zu verteilen.

Genie ist Fleiß

Zitat von Theodor Fontane

Davon war jedenfalls der Romanschriftsteller Theodor Fontane überzeugt, von dem das Zitat stammt. Talent ist das eine, Arbeit das andere. Und nur wer beides gleichermaßen mit Anstrengung und Leidenschaft betreibt, der leistet Besonderes und bestenfalls Außerordentliches (Geniestreich eingeschlossen). Zunächst waren es kleinere journalistische Arbeiten und Reiseberichte, die Fontane schrieb, später kamen dann die umfangreichen Romane hinzu. Der Schriftsteller war ein sehr produktiver Mensch, der es zu einem großen geschlossenen Werk brachte und deshalb wusste, wovon er sprach.

Ähnliches vermerkte auch der Amerikaner Alva Edison, ein ebenso fleißiger wie genialer Erfinder 1932 in Harpers Monthly: „Genie ist ein Prozent Inspiration und neunundneunzig Prozent Transpiration." Originalität, Brillanz und Professionalität gehören zum Handwerkszeug dazu wie Fleiß und Disziplin. Diese Erkenntnis ist nicht neu, viele Kreative arbeiten nach diesem Muster. Genie ist dann sozusagen nur noch eine Dreingabe!

- Fleiß und Disziplin sind entscheidende Faktoren für außergewöhnliche Leistungen.
- Genie und Talent sind keine Zufallsprodukte, sie sind durch harte und disziplinierte Arbeit entstanden.
- Eine besondere Arbeit zeichnet sich durch Originalität, Brillanz und Professionalität aus.

Mit Verlaub, ich bin so frei!

Zitat aus der Knopp-Trilogie 1. Teil „Abenteuer eines Junggesellen" von Wilhelm Busch

Nehmen Sie sich die Freiheit zu tun, was Ihnen gefällt. Nicht erst im reifen Alter sollte man seine Wünsche und Träume realisieren. Versuchen Sie schon sehr früh, sich diese zu erfüllen. Leben Sie nach Ihren eigenen Vorstellungen und planen Sie eine Karriere, die zu Ihnen passt. Das Wilhelm-Busch-Zitat könnte als Motto dafür dienen. In der Bildgeschichte „Abenteuer eines Junggesellen" kommt folgender Kehrreim vor: „Mir ist alles einerlei./Mit Verlaub, ich bin so frei". Keine Angst, Sie müssen kein Junggeselle sein und auch nicht rigoros nach Selbstverwirklichung streben, wenn Sie dem Motto folgen wollen.

Bei Wilhelm Busch geht es da doch etwas dreist zu: Da greift doch tatsächlich ein anderer nach der „Wanderflasche" des Junggesellen, um daraus zu trinken. Frech fügt er hinzu: „Mit Verlaub, ich bin so frei." Der dreiste Wanderer macht keinen Hehl aus seinem großmäuligen Auftreten. So unverschämt wollen wir denn doch nicht vorangehen und empfehlen lieber die vornehmere Art der freien Lebensäußerung.

- Sich die Freiheit nehmen, sein Leben selbst zu gestalten.
- Eigene Karrierepläne schmieden.
- Wünsche und Träume realisieren.
- Selbstverwirklichung anstreben.

Courage ist gut, Ausdauer ist besser

Zitat aus dem Roman „Der Stechlin" von Theodor Fontane

Der alte Theodor Fontane hat es schon immer besser gewusst. In seinem bekannten Roman „Der Stechlin" äußert Dubslav von Stechlin, die Hauptfigur des Romans, gegenüber Czako, einem Regimentskameraden seines Sohnes, das inzwischen berühmte Zitat „Courage ist gut, Ausdauer ist besser".

Muss man das Zitat noch interpretieren? Jeder, der im Berufsleben steht, weiß, dass nur Courage, Geduld und Ausdauer zum Ziel führen. Aber auch für Anfänger und Berufseinsteiger gilt dieser Satz. Entschlossenheit, Mut und Courage stehen am Anfang, Ausdauer und Beharrung dagegen in der Mitte und am Ende des Berufsweges. So gesehen, können wir noch viel vom alten Fontane lernen.

- Courage, Mut und Ausdauer stehen am Anfang der Karriere.
- Ausdauer und Beharrung stehen oft in der Mitte und am Ende des Berufsweges.
- Courage und Ausdauer führen immer ans Ziel.

Jeder ist seines Glückes Schmied

Das Zitat taucht in ähnlicher Formulierung bei verschiedenen Autoren auf: zunächst bei dem römischen Konsul Appius Claudius Caecus, dann bei dem römischen Komödiendichter Plautus und zuletzt bei Gottfried Keller in „Der Schmied seines Glückes" aus der Sammlung „Die Leute von Seldwyla".

Gleich mehrere Autoren warten mit dieser Redensart auf. Zunächst finden wir eine ähnliche Bemerkung beim römischen Konsul Appius Claudius Caecus, dann beim römischen Komödiendichter Plautus und zuletzt bei Gottfried Keller in „Der Schmied seines Glückes". Ihnen allen ist der Sinn dieses Spruches gemein. Sich selbst sein Glück zu schaffen ist mehr als nur eine Herausforderung, es ist eine Aufgabe. Bekanntlich fällt das Glück nicht vom Himmel. Wer jedoch mit offenen Augen durch die Welt geht, wer seine Chancen erkennt und seine Möglichkeiten auslotet, der hat das Glück stets in Griffweite. Das Glück ist, wie wir alle wissen, ein zartes Pflänzchen. Es geht schnell ein, wenn man es nicht pflegt; was heißen soll: Nur wer achtsam und sorgsam mit seinem Leben umgeht, der wird auch Glücksmomente erleben. Und sollten diese nicht eintreten, so kann man ja ein wenig nachhelfen.

So ist es nicht nur im Berufsleben wichtig, die richtigen Leute zu kennen, Kontakte zu knüpfen, Verbindungen aufzubauen, Freundschaften zu pflegen. Wer nichts dem Zufall überlässt, der findet eher sein Glück. Kurz: Schmiede dir dein Glück selbst und du wirst es bekommen!

- Chancen und Möglichkeiten ausloten.
- Achtsamkeit und Sorgfalt bereiten dem Pfänzlein Glück einen guten Boden.
- Dem Glück nachhelfen und sich nicht auf den Zufall verlassen.

Man hat's, oder man hat's nicht

Zitat in Anlehnung an den Gedichttitel „Man hat es oder man hat es nicht" von Theodor Fontane

Da gibt sich einer die größte Mühe und bringt es doch zu nichts. Was könnte die Ursache dafür sein? Worin unterscheidet sich sein Können von dem des Kollegen? Fontane bringt es auf den Punkt: „Ein feines Gefühl läßt sich so wenig lernen wie ein echtes. Man hat es – oder man hat es nicht." Letztlich entscheidet nicht das Wollen, sondern die Begabung über Erfolg oder Misserfolg. Da kann sich jemand anstrengen wie er will, fehlt ihm die Begabung, bleibt auch der Erfolg aus.

In Fällen, in denen man sich unsicher ist, ob man der Aufgabe überhaupt gewachsen ist, empfiehlt sich eine ehrliche Selbstanalyse. Was kann ich, wo liegen meine Schwächen und Stärken? Habe ich die Fähigkeit und das Wissen dazu? Reichen meine Kenntnisse aus oder brauche ich Unterstützung? Fontane geht noch weiter und meint, nicht das Streben und Wollen allein führen zu Erfolg und Glück, es sind die eigenen Begabungen und Talente, die dem Menschen mitgegeben sind und die es zu entfalten gilt.

- Auf die eigenen Fähigkeiten und Begabungen vertrauen.
- Eine persönliche Einschätzung der Schwächen und Stärken vornehmen.
- Ein Persönlichkeitsprofil erarbeiten.
- Die eigenen Potenziale entdecken und fördern.
- Souveräner Umgang mit den eigenen Schwächen und Stärken.

Die Flinte ins Korn werfen

Wahrscheinlich stammt dieses Zitat aus dem Soldatenjargon.

Das Wort Kapitulation ist nicht gerade ein beliebter Terminus in der Militärsprache. Dennoch stammt dieses Zitat mit hoher Wahrscheinlichkeit aus dem Soldatenjargon. Wenn die Lage aussichtslos geworden ist und nur noch Flucht als einziger Ausweg bleibt, dann sollte man die Waffen niederlegen. Andernfalls wären Gefangenschaft und Deportation die Folge. Die Flinte ins Korn zu werfen ist deshalb nichts Verwerfliches. Wer wollte da widersprechen?!

Allerdings sollte alles getan werden, um eine solche Situation zu vermeiden und standzuhalten. Immerhin zeigt diese Haltung Charakterstärke und nötigt dem Gegner Respekt ab. Standzuhalten und nicht gleich aufzugeben ist eine Lebenshaltung, die sich viele von uns erst noch erwerben müssen. Wie in fast allen Lebensbereichen, spielt auch hier die Lehrmeisterin „Erfahrung" eine große Rolle. Im Klartext: Man sollte nur aufgeben, wenn alle Optionen geprüft und die Sache als aussichtslos erklärt worden ist. Hält man sich an diese Spielregel, gibt es selten einen Anlass, die Flinte ins Korn zu werfen.

- Zunächst standhalten und Paroli bieten.
- Alle Optionen prüfen und jede Chance nutzen.
- Charakterstärke zeigen.
- Dem Gegner Respekt abnötigen.

Nur Beharrung führt zum Ziel

Im Laufe der Zeit hat dieses Zitat verschiedene Wandlungen erfahren. Erwähnt wurde es zum erstenmal in dem „Musenalmanach für das Jahr 1800" von Friedrich Schiller.

Dieses Zitat gibt es in unterschiedlichen Abwandlungen. Seinen Ursprung hat es in Schillers Musenalmanach für das Jahr 1800, dort finden wir es im „2. Spruch des Konfuzius".

Jeder von uns kennt die langen Durststrecken, kennt die Momente der Resignation und der Selbstaufgabe. Das Ziel scheint unerreichbar, die Wüste weit und leer. Da fällt es schwer, nicht nachzulassen, um eine rettenden Oase zu finden. Durchhalteparolen helfen da wenig, aufmunternde Worte dagegen sehr.

Vielleicht findet sich ein Mentor oder Coach, der Rückhalt gibt, der zum Weitermachen ermuntert und unsere brachliegenden Kräfte mobilisiert. Ansonsten gilt es durchzuhalten und den Blick nach vorne zu richten. Ans Ziel kommen wollen alle, doch den Weg dahin möchten die wenigsten zu Fuß gehen. Schnelle Lösungen sind gefragt, denn Geduld und Ausdauer stehen nicht gerade hoch im Kurs. Und so fällt es manchem schwer abzuwarten, auszuharren und sich auf längere Wartezeiten einzustellen. Wenn die mentalen Voraussetzungen nicht stimmen, ist auch das naheste Ziel unerreichbar.

- Geduld und Ausdauer kann man trainieren.
- Coach oder Mentor sind hilfreiche Personen, wenn es wirklich nicht weitergeht.
- Die mentalen Voraussetzungen müssen stimmen, wenn man ein Ziel erreichen will.

Was mich nicht umbringt, macht mich stärker

Zitat aus dem Buch „Götzendämmerung oder wie man mit dem Hammer philosophiert" (Kapitel Sprüche und Pfeile) von Friedrich Nietzsche

Es war der Philosoph mit dem Hammer, der dieses Zitat prägte. Für ihn ist das Leben ein Ringen und steter Kampf – das Individuum sein Austragungsort. Zeitlebens war Nietzsche auf die Hilfe und Freundlichkeiten seiner Verwandten und Freunde angewiesen. Per Post erreichten ihn ganze Fresspakete. Von Socken bis Käse war alles darin. Bücher natürlich auch. Und zuletzt, als es ihm ganz schlecht ging und er nur noch dahindämmerte, wurde er mütterlich versorgt. Ein Pflegefall, ein Verrückter – ein Kämpfer, ein Überwinder? Die Geister scheiden sich bis heute an Nietzsche. Jedoch steht vor uns ein großes philosophisches und schriftstellerisches Werk. Er hat es sich abgerungen und erkämpft. Er hat aus seinen Leiden und Kämpfen Stärke gewonnen.

Wer also große Belastungen auszuhalten vermag und sich von Niederlagen nicht beeindrucken lässt, den können auch andere Situationen nicht aus der Bahn werfen, den kann im Grunde nichts umbringen. Eine Erfahrung, die nicht nur Philosophen machen.

- Belastungen standhalten.
- Niederlagen ertragen.
- Schwierige Situationen meistern.
- Stärke demonstrieren.

Edel sei der Mensch, hilfreich und gut!

Zitat aus dem Gedicht „Das Göttliche" von Johann Wolfgang von Goethe

Goethe hatte gut reden, er war bestens versorgt, war Geheimrat und Deutschlands Dichterfürst Nummer eins. Er stand an der Spitze. Er war jemand und konnte den göttlichen Geboten Folge leisten. In diesem Gedicht heißt es weiter:

> ... denn das allein
> Unterscheidet ihn
> Von allen Wesen
> Die wir kennen.

Ja, das Gute zu wollen, das Edle zu fördern, wer wollte dies nicht? Dass wir den höheren Wesen gleichen mögen, soll sich auch in unseren Taten erweisen. Aber nicht nur der eigene Karriereweg, das Durchboxen und Erringen von Erfolgen ist ein Beleg für „höheres Walten" an uns. Im Gegenzug sind wir dazu aufgerufen Sorge und Verantwortung für jene Menschen zu tragen, die uns anvertraut sind. Edel sei der Mensch, hilfreich und gut. Ja, daran wollen und müssen wir uns messen lassen.

- Fürsorglichkeit und Verantwortung üben.
- Soziale Kompetenz anstreben.
- Hilfsbereit und engagiert am Leben der Mitmenschen teilnehmen.

Denn ich bin ein Mensch gewesen, und das heißt ein Kämpfer sein

Zitat aus dem Gedicht „Einlaß" aus dem „Westöstlichen Diwan" im „Chuld Nameh: Buch des Paradieses" von Johann Wolfgang von Goethe

Es genügt nicht, sich im Leben gerade mal so durchzulavieren. Wer sich etwas erkämpfen will, der muss über die fachliche Qualifikation hinaus auch noch über den nötigen Biss verfügen. Kämpfernaturen haben nicht nur Biss, sondern auch Mut, Dinge anzupacken und konsequent voranzutreiben. Aber auch die täglichen Dinge müssen bewältigt, die kleinen und großen Schwierigkeiten des Alltags gemeistert werden. Dabei kann man sich schnell ein paar Schrammen zuziehen. Das Leben ist nicht immer ein Zuckerschlecken.

In Goethes „Westöstlichem Diwan" steht ein Dichter vor dem Tor zum Paradies. Dort wird er nach seinen „Wunden" befragt, die er sich im Leben zugezogen hat. Denn Einlass wird ihm nur gewährt, wenn feststeht, dass er ein mutiger Kämpfer war. Der Dichter spricht kühn die folgenden Worte aus:

> Nicht so vieles Federlesen!
> Lass mich immer nur herein:
> Denn ich bin ein Mensch gewesen,
> Und das heißt ein Kämpfer sein.

Die Antwort ist ebenso richtig wie klug. Nicht nur die großen Kämpfe gilt es zu bestreiten; im Alltag muss oft um Kleinigkeiten gerungen werden und da zeigt sich, was ein guter Kämpfer ist. Diese Erfahrung macht jeder Mensch.

- Die großen und kleinen Schwierigkeiten des Lebens meistern.
- Sich nicht unterkriegen lassen.
- Charakterstärke zeigen.
- Dem Dasein standhalten.

Wer gar zu viel bedenkt, wird wenig leisten

Zitat aus dem Schauspiel „Wilhelm Tell" von Friedrich Schiller

Zu viele Selbstzweifel zermürben und nagen am Selbstwertgefühl eines Menschen. Zu viele Bedenken können notwendige Arbeiten und Entscheidungen hinauszögern und damit Schaden anrichten. Es ist deshalb manchmal besser, klare und schnelle Entscheidungen zu treffen. Wer sich ständig nur im Kreise dreht, fährt Karusell und kommt zu keinem Entschluss.

Friedrich Schiller hatte, als er diese Worte schrieb, eher die familiären Aspekte im Sinn. In seinem Stück „Wilhelm Tell" wirft die Ehefrau Tell vor, er hätte durch eine waghalsige Rettungsaktion sein Leben aufs Spiel gesetzt und damit die Familie gefährdet. Tell entgegnete ihr mit den besagten Worten.

Wer Chancen und Gelegenheiten nutzen will, der sollte nicht lange zögern und handeln. Sonst könnte es sein, dass man selbst gerettet werden muss.

- Lange Überlegungen verhindern rasche Entscheidungen.
- Selbstzweifel ausräumen.
- Wenn erforderlich, schnelle und klare Entscheidungen treffen.
- Irgendwann müssen auch die unangenehmen Arbeiten erledigt werden, deshalb sollte man gleich damit beginnen.

Spieglein, Spieglein an der Wand

Zitat aus dem Märchen „Schneewittchen" der Gebrüder Grimm

Die Umsätze der Kosmetik- und Schönheitsindustrie gehen deutlich nach oben. In der Werbung wird uns eingetrichtert, wie das Schönheitsideal auszusehen hat. Doch zum Glück müssen wir nicht ständig in den Spiegel blicken, um neue, uns bisher noch verborgene Falten zu entdecken. Auch muss es nicht immer die teuerste Gesichtscreme und der regelmäßige Gang ins Kosmetikstudio sein, um das Äußere herzurichten. Schönheit kommt auch von innen – und da kann schon ein Lächeln das Eis zum Schmelzen bringen. Ist allerdings Eitelkeit im Spiel, so kann aus einer süßen Maus schnell ein hässliches Entlein werden.

Die Brüder Grimm hatten wohl Letzteres im Sinn, als sie auf diesen Aspekt in der Persönlichkeit von Menschen hinwiesen. Kennen Sie das Märchen von „Schneewittchen"? Der Inhalt ist schnell erzählt: Die Königin und böse Stiefmutter der Titelfigur stellt dem Zauberspiegel immer öfter die Frage. „Spieglein, Spieglein an der Wand, / Wer ist die Schönste im ganzen Land?" Prompt antwortet der Spiegel, dass sie es sei. Doch als der Spiegel einmal Schneewittchen als die Schönste nannte, wurde die Königin zur Furie. Lassen wir uns nicht verunsichern, die Wirkung eines solchen Spiegels ist rasch verblasst. Was zählt, ist ein gepflegtes Aussehen, ein freundliches Wesen und nicht zu vergessen: jene inneren Werte, von denen es heißt, dass sie in besonderer Weise zu unserer Schönheit beitrügen.

- Auf ein gepflegtes Aussehen achten.
- Nicht auf Schönheitsideale hereinfallen.
- Auf die inneren Werte kommt es an.
- Eine positive Einstellung zur eigenen Person finden.

Management:
Führen + Gestalten

Von Wirtschaftskapitänen und Machern ist oft die Rede. Die Herren mit den schwarzen Anzügen und dem Handy in der Hand (Klischee!) sind nicht nur als Sündenböcke gut, ihnen wird zuweilen auch etwas zugetraut. Es kursieren die unterschiedlichsten Gerüchte und Meinungen über unsere Wirtschaftselite. Dabei wird übersehen, dass der Aktionsradius von Managern häufig begrenzt und dem nationalen wie internationalen Wettbewerb ausgesetzt ist. Manager kümmern sich deshalb wenig um das Gerede der Menschen und gehen lieber ihren Geschäften nach. Denn es gilt, nicht viel Zeit durch Spekulationen zu verlieren, der Markt duldet keinen Aufschub. Dennoch gibt es interessante Denkanstöße, die es wert sind, näher betrachtet zu werden. Die hier versammelten Sprichwörter wollen zum Nachdenken und Schmunzeln anregen:

> **Bis aufs Messer**
> **Einer für alle**
> **Ich weiß nicht, was soll es bedeuten**
> **Sturm im Wasserglas**
> **Von Pontius zu Pilatus laufen**
> **Was man nicht aufgibt, hat man nie verloren**
> **Packen wir's an**
> **In der Hitze des Gefechts**
> **Nie sollst du mich befragen**
> **Wer fertig ist, dem ist nichts recht zu machen**
> **Ab durch die Mitte**
> **Viel Lärm um nichts**
> **Viele sind berufen, aber wenige sind auserwählt**
> **Komme, was kommen mag**
> **Gleich und gleich gesellt sich gern**
> **Im gleichen Boot sitzen**
> **Verachtet mir die Meister nicht**
> **So viel Köpfe, so viel Sinne**
> **Die Welt aus den Angeln heben**

Das Spiel ist aus

Besser spät als gar nicht

Sturm und Drang

Auf einem Prinzip herumreiten

Es ist Sand im Getriebe

Den Wald vor lauter Bäumen nicht sehen

Keiner weiß vom andern

Wer schaffen will, muss fröhlich sein

Auf zum letzten Gefecht

Aufgeschoben ist nicht aufgehoben

Aus Spöttern werden oft Propheten

Da beißt die Maus keinen Faden ab

Der Kaiser ging, die Generale blieben

Den Vorhang zu und alle Fragen offen

In der Beschränkung zeigt sich erst der Meister

Auf glühenden Kohlen sitzen

Hand und Fuß haben

Doch der den Augenblick ergreift, das ist der rechte Mann

Ich weiß, das ich nichts weiß

Wissen, wo der Schuh drückt

„Was tun?", spricht Zeus

Tabula rasa

Es irrt der Mensch, solang er strebt

Es ist noch nicht aller Tage Abend

Auf dem Holzweg sein

Dieses war der erste Streich

Getrennt marschieren, vereint schlagen

Die Kastanien aus dem Feuer holen

Gefahr im Verzug

Die Lage peilen

Das also ist des Pudels Kern

Ich kam, ich sah, ich siegte

Allzu straff gespannt, zerspringt der Bogen

Den gordischen Knoten durchhauen

Vertrauen ist gut, Kontrolle ist besser

Aus der Not eine Tugend machen

Das kleinere Übel

Bis aufs Messer

Zitat des spanischen Generals José de Palafox y Melci während der Belagerung von Saragossa

... muss es wirklich so weit kommen? Können und sollten nicht andere Mittel der Auseinandersetzung gewählt werden? Welche Verhaltensstrategien können zur Konfliktabwehr entwickelt werden? Wie kann man die verfeindeten Parteien wieder zueinander bringen? Welche Reibungspunkte können von vornherein ausgeschlossen werden? Sind Eskalationen absehbar, Streit und Kampf vorprogrammiert?

Aufgrund einer solchen Checkliste können Problemfelder benannt und ein Kampf „bis aufs Messer" verhindert werden. Die Menschheit hat dazugelernt – so darf man annehmen, denn es gibt inzwischen unzählige Konfliktberatungen, Friedenssicherungssysteme, soziale Verhaltensregeln, Kurse und Seminare zum Thema Konfliktbewältigung und -vermeidung. Gesunder Streit kann aber auch förderlich sein. Dabei können neue Einsichten und Erkenntnisse gewonnen werden. Hauptsache das Messer bleibt stecken ...

Anders war es im Jahre 1808, als napoleonische Truppen die spanische Stadt Saragossa belagerten. Als diese den spanische General zur Kapitulation aufforderten, soll er ihnen mit dem Zuruf „Krieg bis aufs Messer" geantwortet haben. Nun, so weit wollen wir es nicht kommen lassen.

- Konfliktvermeidung anstreben.
- Konfliktbewältigung betreiben.
- Auseinandersetzungen mit zivilen und rechtlichen Mitteln austragen.
- Fair bleiben.
- Streitkultur üben.
- Schlichtungsstellen anrufen.

Einer für alle

*Zitat aus dem Epos „Äneis"
von Vergil*

Der wahre Teamgeist zeigt sich erst dann, wenn Gefahr lauert, die Gemeinschaft bedroht und das Boot am Sinken ist. Dann ist der Einzelne bereit, für die Gemeinschaft einzustehen, wie auch die Gemeinschaft für den Einzelnen einzustehen bereit ist.

Ein wechselseitiges Spiel, das schon zu Vergils Zeiten (70 – 19 v. Chr.) als Lehrsatz gelten konnte. In dem Epos „Äneis" bittet Venus bei Neptun um Hilfe, damit die Überfahrt übers Meer gelinge und Äneas sicher den Hafen erreiche. Neptun hält sein Versprechen, prophezeit aber gleichzeitig den Tod einer seiner Gefährten. Herausgekommen ist der schlichte, aber zutreffende Satz „Einer für alle".

Manager sind nicht nur Einzelkämpfer, Wesen ohne Verpflichtung und Gemeinschaftsgefühl, im Gegenteil, sie entwickeln im Team, in der Gemeinschaft oft ungeahnte Stärken und soziale Kompetenz. Denn nicht nur in Krisenzeiten bewährt sich ein schlagkräftiges Team. Unternehmer, die es nicht verstehen, Mitarbeiter für ein Ziel, für eine gemeinsame Sache, eine Vision zu gewinnen, werden am Ende verlieren und allein das Meer überqueren müssen. Möglich, dass sie dabei den sicheren Hafen verfehlen.

- Gemeinschaftsgeist entwickeln.
- Teamarbeit fördern.
- Soziale Kompetenz entwickeln.
- Das „Wir-Gefühl" stärken.
- Gemeinsame Visionen und Ziele verfolgen.

Ich weiß nicht, was soll es bedeuten

Zitat aus der Gedichtsammlung „Die Heimkehr" von Heinrich Heine

Ich weiß nicht, was soll es bedeuten,
Daß ich so traurig bin;
Ein Märchen aus alten Zeiten,
Das kommt mir nicht aus dem Sinn.

Vielleicht kennen Sie diese Verse noch aus der Schulzeit? Ja, der Dichter Heinrich Heine ist ihr Verfasser. Allerdings wusste er genau, um was es geht. Heine griff auf eine Ballade von Clemens von Brentano zurück und erzählt das Märchen von der Loreley aufs Neue. Handelt es sich etwa um ein Plagiat? Nein. Heine hat unter ganz anderen Umständen und Voraussetzungen diese Strophen nachgedichtet – und wurde damit weltberühmt.

Aber auch wer von Literatur wenig versteht, wird diese Zeilen schon einmal gehört haben. Wenn wir nicht wissen, wie Entscheidungen, Regeln, Gesetze und Verordnungen zustande gekommen sind, wenn wir die Hintergründe und Fakten nicht kennen, die ein bestimmtes Verhalten hervorruft, so dürfen wir zu Recht fragen: Ich weiß nicht, was soll es bedeuten.

- Wenn Entscheidungen nicht begründet werden.
- Wenn Hintergründe und Fakten im Verborgenen bleiben.
- Wenn ein bestimmtes Verhalten Staunen und Ungläubigkeit hervorruft.
- Wenn etwas nicht ausreichend erklärt wurde.
- Wenn alles nur noch komplizierter und undurchsichtiger wird.

Sturm im Wasserglas

Es ist nicht ganz klar, ob das Zitat von Cicero oder Montesquieu stammt

Man weiß es nicht so genau, ob der französische Schriftsteller Montesquieu oder der römische Politiker Cicero Urheber dieses Zitats ist. Es müssen wohl nichtige und belanglose Dinge gewesen sein, die zu dieser Umschreibung geführt haben. So soll es in der kleinen Republik San Marino Unruhen gegeben haben, die Montesquieu zu dieser Formulierung veranlassten. Im Grunde kein Staatsstreich, aber doch eine Meldung, die in Frankreich für großes Aufsehen sorgte. Ähnliches muss wohl auch Cicero zu Ohren gekommen sein, denn in der Antike gab es heikle Situationen und politische Umwälzungen, die zwar nicht die antike Welt erschütterten, aber große Aufregung verursachten.

Im Geschäftsleben kennen wir solche Nachrichten und Gerüchte auch. Sie sorgen für Wirbel und Aufregung, haben aber eher einen belanglosen und nichtigen Hintergrund. Jedoch sollte man die Wirkung solcher Nachrichten nicht unterschätzen, sie können negative Folgen für die Geschäftswelt haben.

- Große Aufregung um nichtige und belanglose Dinge.
- Sie können positive, aber auch geschäftsschädigende Auswirkungen haben.
- Den Sachverhalt nüchtern prüfen und abwägen.
- Gelassenheit und Ruhe bewahren.

Von Pontius zu Pilatus laufen

Nach Lukas 23,6–12, Neues Testament

Sie kennen das Problem: Man wird von einer Stelle zur anderen verwiesen, von A nach B geschickt oder soll sich gleich an ganz andere Ansprechpartner wenden. Jeder fühlt sich zuständig, aber keiner befugt. Ausweglose Situation? Nicht ganz. Wer die richtige und entscheidende Instanz ansprechen will, der muss schon im Vorfeld Informationen haben, die es ihm ermöglichen, den direkten Weg zu gehen.

Im Lukasevangelium wird berichtet, dass Christus vom römischen Statthalter Pontius Pilatus zu König Herodes geschickt wird, dieser ihn aber wieder an Pilatus zurückverweist. Schnell hat sich im Volk herumgesprochen, dass Auskünfte falsch und damit Irrwege vorprogrammiert sind.

Allerdings scheint das manchmal Methode zu haben. Einerseits sind die Kommunikationswege unklar, andererseits fehlt die nötige Transparenz. Unternehmen, die über flache Hierachien verfügen, kommen dabei besser weg, da die Ansprechpartner bekannt und schnell verfügbar sind. Man muss also nicht von Tür zu Tür laufen, um endlich einmal den richtigen Ansprechpartner zu erwischen.

- Wichtige Ansprechpartner und Kontaktpersonen müssen jedermann bekannt sein.
- Die richtigen Anlaufstellen sollten für alle bekannt und erreichbar sein.
- Transparenz erleichtert die Suche.
- Stolpersteine im Kommunikationsnetz ausräumen.
- Kompetenzen und Verantwortungsbereiche klar definieren.

Was man nicht aufgibt, hat man nie verloren

Zitat aus dem Drama „Maria Stuart" von Friedrich Schiller

Der Mensch kann viel aus der Geschichte lernen, wenngleich auch die Motive nicht immer ehrenhaft sind. In Schillers Drama „Maria Stuart" hat die Königin von England nur eines im Sinn, die Konkurrentin Maria Stuart, Königin von Schottland, auszuschalten. Sie heckt dazu Pläne aus und schreckt auch vor Intrigen, Gewaltakten und Mordabsichten nicht zurück. Mit Beharrlichkeit verfolgt sie ihr Ziel und kommt dabei zu der Erkenntnis: Was man nicht aufgibt, ist auch nicht verloren. So gesehen geht die Rechnung auf, denn im Jahre 1807 stirbt die Hauptlinie der Stuarts aus.

Allzu leicht werden heute Standorte und Standpunkte gewechselt und neue definiert. Viel geht dabei zu Bruch oder ganz verloren. Vorschnell wird kapituliert und das Territorium der Konkurrenz überlassen, wo doch mit Beharrlichkeit und Ausdauer mehr zu gewinnen wäre. Am Beispiel der Königin von England sehen wir, was jene Kräfte bewirken können. Dabei muss es nicht immer gleich der Sturz eines Konkurrenten sein.

- Nicht vorschnell kapitulieren.
- Mit Beharrlichkeit ein Ziel verfolgen.
- Sich nicht entmutigen lassen.
- An Strategien, Plänen und Abmachungen festhalten.

Packen wir's an! | *Werbeslogan der Esso AG*

... ist oft leichter gesagt als getan. Immerhin war die Esso AG der Erfinder dieses Spruchs und die sollten es besser wissen. In den siebziger Jahren wurde dieser Werbeslogan durch das Fernsehen verbreitet und fand ein breites Echo in der Öffentlichkeit. Schon bald wurde aus dem viel zitierten Werbeslogan ein „geflügeltes Wort."

Auch heute muss man keine Bohrtürme in die Tiefen des Meeres stoßen, um etwas in Bewegung zu bringen. Wichtiger ist der Wille, etwas zu tun, endlich an die Sache heranzutreten und zum Abschluss zu bringen. Für echte Kerle gibt es eben immer noch Herausforderungen, auch das will uns der Slogan sagen. Also nichts für Leute, die ihre Hände lieber in die Hosentaschen stecken.

- Aufforderung zum Handeln
- Mut zum Handeln
- Eine Sache angehen, vorantreiben und zum Abschluss bringen.
- Endlich anpacken, sich aus der Lethargie befreien.

In der Hitze des Gefechts

Volkstümliche Redensart, die möglicherweise aus dem Militärwesen kommt.

Es soll an dieser Stelle nicht von großen Schlachten berichtet werden und auch nicht von militärischen Strategien. Denn meist gibt es weder Gewinner noch Verlierer. Die Schlacht, von der hier gesprochen werden soll, vollzieht sich jeden Tag: Es sind der Stress und die Eile, der Termindruck und der Erfolgszwang. Da kann es schon einmal passieren, dass ein unflätiges Wort zur unrechten Zeit fällt, eine abwertende Geste verstört und eine Vergesslichkeit für Verblüffung sorgt. Alles ist drin, wenn es darum geht, fehlerfrei und termingerecht zu arbeiten. Da steigt dann leicht die Hitze des Gefechts auf und umnebelt die Beteiligten. In einer solchen Situation ist es wichtig einen kühlen Kopf zu bewahren, die Fassung nicht zu verlieren und das Ziel im Auge zu behalten.

- In Stresssituationen Ruhe bewahren.
- Die Übersicht behalten.
- Das Ziel im Auge haben.
- Sich besser kontrollieren.
- Sich nicht selbst unter Druck setzen.

Nie sollst du mich befragen

Zitat aus der Oper „Lohengrin" von Richard Wagner

Mal ehrlich, wer lässt sich schon gerne befragen oder in die Karten schauen. Jeder ist doch versucht, insgeheim das Beste zu erreichen. Die Mittel und Wege dazu werden oft verschwiegen, schließlich will man sein Erfolgsgeheimnis nicht verraten. Ob der Titelheld in der Oper „Lohengrin" auch so dachte? Fest steht, dass Lohengrin Elsa von Brabant ermahnt, weder nach seinem Namen noch nach seiner Herkunft zu fragen. Der Grund ist simpel: Lohengrin will vor den König treten und mit dem Schwert für Elsas Unschuld streiten, erst dann will er sich zu erkennen geben. Richard Wagner hat sich das Ganze ausgedacht und eine wunderbare Musik dazu geschrieben.

Manager lassen sich gerne befragen, aber nicht ausfragen. Das ist ein wesentlicher Unterschied. Es gibt gute und plausible Gründe, nicht auf alles zu antworten. Dies sollte der Fragesteller respektieren. Andererseits sollte man sich nicht ganz verschließen und ein Türchen offen lassen.

- Sich nicht in die Karten schauen lassen.
- Verschwiegenheit hat immer Gründe.
- Respektieren, wenn jemand keine Auskunft geben will.
- Es gibt gute und plausible Gründe, auf Fragen nicht zu antworten.
- Den Betreffenden durch Fragestellungen nicht in Bedrängnis bringen.

Wer fertig ist, dem ist nichts recht zu machen

Das Zitat stammt aus dem „Vorspiel auf dem Theater" im ersten Teil von Goethes Faust.

In Goethes „Faust" finden wir diesen Vers, der, wie so viele andere auch, reichlich Stoff für Überlegungen und Reflexion bietet. Wir schätzen das Fachwissen und die Kompetenz führender Persönlichkeiten, kennen aber auch deren Neigung, die Leistungen der anderen kritisch und mit Argwohn zu beurteilen. Es ist deshalb nicht einfach, sich gegen diese „Übermacht" durchzusetzen, eigenes Vermögen und eigene Leistungen hervorzuheben. Besserwisserei, Belehrung und der Glaube an die eigene Unfehlbarkeit treten bei Führungskräften leider allzu häufig offen zutage.

Männer und Frauen, die uns als Vorbild dienen – die kritische Selbstreflexion steht bei diesen Leuten nicht immer hoch im Kurs. Dabei wäre es wichtig, selbstkritisch zu sein und Neues hinzuzulernen. Wer diese Fähigkeit nicht verlernt hat, der ist offen, lernfähig und auch bereit, sein Wissen an andere weiterzugeben. Davon profitieren dann alle.

- Persönlichkeiten aus Wirtschaft, Politik und Kultur, die Vorbildfunktion haben.
- Wissen weitergeben.
- Offen und lernbereit sein.
- Sich selbstkritisch hinterfragen.

Ab durch die Mitte

Zitat aus der Theaterwelt

Manch Theaterskandal treibt Blüten. Und so ist es auch nicht verwunderlich, dass dieser Ausspruch aus der Theaterszene kommt. Man mag diesen Ausruf als Bühnenanweisung verstehen oder ihn als Allgemeingut deklarieren – jedem ist klar, was gemeint ist: In manchen brenzligen Situationen hilft tatsächlich nur noch Flucht. Doch gibt es fast immer auch einen Ausweg und die Parole „Ab durch die Mitte" ist das äußerste Mittel, wenn gar nichts mehr geht.

Manager können sich diesen Schritt nicht erlauben, sie stehen in der Verantwortung, ihnen ist dieser Fluchtweg versperrt. Doch der Wunsch, einmal auszubrechen, die Tür hinter sich zufallen zu lassen, ist groß.

- Wenn jemand Fluchtwünsche hegt.
- Sich in einer ausweglosen Situation befinden.
- Nach Möglichkeiten und Lösungen suchen, die den Fluchtgedanken erst gar nicht aufkommen lassen.

Viel Lärm um nichts

Zitat nach der gleichnamigen Komödie von William Shakespeare

Wieder einmal muss Shakespeare herhalten, „Viel Lärm um nichts" jedenfalls ist der Titel einer seiner Komödien. Sie ist sehr populär, denn in ihr wird ein Wechselspiel von Intrigen, Verwechslungen und Verleumdungen aufgezeigt. Klar, dass am Ende die Liebe siegt. Bis es aber so weit ist, müssen die Liebenden durch alle menschlichen „Untugenden" hindurch. Hinterher fragt sich der betroffene und erstaunte Zuschauer: „War's das eigentlich wert?" Wurde die Sache, um die es geht, nicht allzu sehr aufgeblasen, also viel Lärm um nichts gemacht? Kommt uns dieses Stück nicht irgendwie bekannt vor?

Gewiss, wir erleben es jeden Tag: Kleine Dinge bekommen plötzlich eine große Bedeutung. Es wird viel Lärm um nichts gemacht. Kehren wir jedoch zur Komödie zurück, in der die menschlichen Schwächen allzu deutlich bloßgelegt und aufgezeigt werden. Als Zuschauer fällt es uns leicht, darüber hinwegzusehen und zu schmunzeln, bis der Alltag kommt und wir selbst wieder im Geschehen stehen.

- Sich nicht an Kleinigkeiten stören.
- Ein Problem nicht künstlich aufblasen.
- Einer unbedeutenden Sache keine allzu große Aufmerksamkeit schenken.

Viele sind berufen, aber wenige sind auserwählt

Worte aus dem Gleichnis vom Weinberg, Matthäus-Evangelium 20,16

Ärgern Sie sich manchmal auch über unqualifizierte Mitarbeiter und Vorgesetzte? Könnten Sie die Sache nicht besser machen – vorausgesetzt, man ließe es zu? Würde man Ihnen nicht ständig dreinreden, Ratschläge geben und Ihre Entscheidungen zu beeinflussen suchen, würde alles besser gelingen. So ist die Meinung vieler „Untertanen" in den Betrieben und Firmen.

Von den Berufenen und Auserwählten soll hier die Rede sein. Schon Martin Luther hat in seiner Übersetzung des Gleichnisses vom Weinberg jenen berühmten Satz zitiert. Das Bibelwort hat seitdem Furore gemacht und besagt nichts anderes, als dass aus einer Vielzahl von Anwärtern nur wenige tatsächlich begabt und befähigt sind, eine bestimmte Aufgabe zu lösen oder eine Führungsaufgabe wahrzunehmen.

Man muss also lange nach geeigneten und befähigten Mitarbeitern suchen. Deshalb unser Aufruf: Lasst die Auserwählten dran!

- Nur geeignete Mitarbeiter für bestimmte Einsätze und Tätigkeiten vorsehen.
- Die Besten und Qualifiziertesten für besondere Aufgaben einsetzen.
- Besonders begabte und befähigte Mitarbeiter fördern.
- Verantwortungsbereiche eindeutig definieren.

Komme, was kommen mag

Zitat aus der Tragödie „Macbeth" von William Shakespeare

Für die Zukunft gut gewappnet zu sein ist für jedes Unternehmen wichtig, deshalb sollten die Weichen von vornherein richtig gestellt sein. Ein gutes Management verfügt über Pläne und Strategien und ist auch für den Notfall gerüstet. Es müssen ja nicht immer böse Hexen sein, die die Pläne durchkreuzen und mit ihren Voraussagen für Wirrnis und Unsicherheit sorgen. Auf den Brettern, die bekanntlich die Welt bedeuten, haben diese Worte etwas Bedrohliches.

Es sind drei Hexen, die dem Helden in der Tragödie „Macbeth" von William Shakespeare, zusetzen. Ihm wird vorausgesagt, dass er König werde. Danach folgen die Worte:

Komme, was kommen mag;

Die Stund und Zeit durchläuft den rauhsten Tag.

Für unseren Helden ist klar, es kommen möglicherweise schwere Zeiten auf ihn zu. Dennoch darf er auf die Königskrone hoffen.

Für Unternehmer sollte allerdings die Devise gelten: Standhaftigkeit ist gut, Voraussicht ist besser!

- Vorsorge treffen.
- Weitblick erkennen lassen.
- Pläne und Strategien für den Notfall entwickeln.
- Gelassenheit üben.
- Mutig in die Zukunft blicken.

Gleich und gleich gesellt sich gern

Volkstümliche Redensart

Es ist immer gut, Freunde zu haben, Gleichgesinnte, mit denen man einer Meinung ist und keine großen Worte machen muss. Im Geschäftsleben ist dies nicht anders. Jahrelange Geschäftsbeziehungen schaffen ein Vertrauensverhältnis, das oft nicht mit Geld aufzuwiegen ist. Verlässlichkeit und Diskretion spielen in diesem Zusammenhang keine geringe Rolle. Wenn dann aber noch die Temperamente und Charaktere zueinander passen, also die „Chemie" stimmt, dann steht einer partnerschaftlichen Geschäftsbeziehung nichts mehr im Wege.

Ähnlich verhält es sich in der Teamarbeit und im Kollegenkreis. Wo die „Chemie" stimmt, wird einfach besser und erfolgreicher gearbeitet. Das beweisen zahlreiche Studien. In diesem Punkt hat der Volksmund, auf den das Zitat zurückzuführen ist, wieder einmal Recht.

Natürlich sind es nicht immer edle Ziele, die Menschen zusammenführt. Der Ausspruch kann auch negativ gedeutet werden, wenn von „Klüngelei" oder „Freundschaftsdiensten" die Rede ist. Wir wollen uns jedoch lieber den guten menschlichen Seiten zuwenden und an den Erfolg einer guten Zusammenarbeit glauben.

- Sympathiewerte nicht unterschätzen.
- Gleiche Ziele und Vorstellungen betonen.
- Gemeinsamkeiten finden.
- Einvernehmen ausdrücken.
- Privates und berufliches Interesse bekunden.

Im gleichen Boot sitzen

Sprichwort aus dem englischen Seefahrermilieu

Maritime Weisheiten haben immer Konjunktur und so wundert es nicht, wenn dieses Zitat (ob von Seeleuten oder Seeräubern sei dahingestellt) Eingang in die Umgangssprache gefunden hat. Das Zitat kommt übrigens aus dem Englischen und heißt dort „to sit in the same boat".

Braucht man diese Redewendung noch zu kommentieren? Eigentlich nicht. Den Eindruck, dass alle in einem Boot sitzen und dieses Boot auch untergehen kann, haben Mitarbeiter wie Manager. Das Ruder haben allerdings die Manager in der Hand und so werden ihnen die meisten Vorwürfe gemacht, wenn das Boot einmal Schlagseite hat oder auf eine Sandbank läuft. Die Zeiten sind nun einmal stürmisch, da ist Zusammenhalt angesagt. Und wer es trotzdem alleine probieren will, der darf sich nicht wundern, wenn ihm kein Rettungsring nachgeworfen wird. Fazit: Alle in einem Boot sind gleichermaßen betroffen und sollten deshalb versuchen den Hafen mit vereinten Kräften anzusteuern.

- Gemeinsame Anstrengungen unternehmen.
- Das „Wir-Gefühl" stärken.
- Den Zusammenhalt fördern.
- Den Gemeinschaftgeist pflegen.
- Wenn das Geschäftsklima rauher wird, rücken alle zusammen.

Verachtet mir die Meister nicht

Zitat aus der Oper „Die Meistersinger von Nürnberg" von Richard Wagner

Man muss wahrlich keine Arie schmettern, um den Meister zu loben. Doch ist es immer anerkennenswert, wenn herausragende Leistungen, wenn Kennerschaft und Fachwissen gewürdigt werden.

Richard Wagner, der viel geschmähte und hochverehrte Opernkomponist – selbst ein Meister seines Faches – schrieb gleich eine ganze Oper darüber: „Die Meistersinger von Nürnberg". In einem Sängerwettstreit gewinnt der junge Walter von Stolzing. Bescheiden, wie Stolzing nun einmal ist, lehnt er die Meisterwürde ab. Daraufhin klärt Hans Sachs ihn über das wahre Wesen eines Meisters auf. Er überzeugt ihn mit den Worten „Verachtet mir die Meister nicht, und ehrt mir ihre Kunst".

Fachleute, Spezialisten und Experten sind wichtige Leute, deren Ratschläge man respektieren und überdenken sollte. Vorschnelle Ablehnung kann bei dieser Gruppe zu Ärger und Verdruss führen. Also noch einmal: Verachtet mir die Meister nicht!

- Anerkennung von Fachwissen.
- Experten und Spezialisten liefern wichtige Beiträge und erleichtern dadurch Entscheidungsprozesse.
- Mancher Expertenratschlag ist Gold wert!
- Lob und Anerkennung aussprechen.

So viel Köpfe, so viel Sinne

Diese sprichwörtliche Redensart hat eine lateinische Vorlage bei dem Komödiendichter Terenz und dem Satiriker Horaz.

Gleich mehrfach taucht diese Redewendung in lateinischen Vorlagen auf. Da kann man es sich aussuchen, welcher Autor einem lieber ist. Fangen wir mit dem Komödiendichter Terenz an. Er meinte, dass es ebenso viele Meinungen wie Menschen gäbe. Recht hat er. Der Satiriker Horaz bezog zwar nicht die Menschheit in seine Überlegungen ein, meinte aber, dass es in vielen Köpfen viele Tausend Bestrebungen gibt. Recht hat auch er.

Der gefürchtete „Runde Tisch", die endlosen Debatten eines Meetings, sowie die zahlreichen Mitarbeiter- und Abteilungsleiterbesprechungen bringen nicht nur die Köpfe zum Qualmen, sie zerren auch an den Nerven. Denn immer wieder prallen unterschiedliche Meinungen aufeinander, sprudeln verschiedenste Ideen, bahnen sich ungeheure Wortmeldungen wie Lavaströme ihren Weg durch den Sitzungssaal.

Hinterher sind dann alle so klug wie vorher und von Einigkeit ist weit und breit nichts in Sicht. Merke: So viel Köpfe, so viel Sinn!

- Runde Tische, Meetings und Sitzungen gut vorbereiten.
- Themenliste für Mitarbeiter- und Abteilungsleiterbesprechungen erarbeiten.
- Ideen und Meinungen erst einmal sammeln und später auswerten.

Die Welt aus den Angeln heben

Ausspruch von Archimedes

Unnütze Kraftmeierei und falsche Selbsteinschätzung können fatale Folgen haben. Wer kennt solche Fälle nicht. Da hat sich ein Kollege verschätzt, dort hat sich ein Team bei der Problemlösung übernommen und das Management hat Fehlinvestitionen in Millionenhöhe getätigt. Und das alles nur, weil man „die Welt aus den Angeln heben" wollte.

Auch Archimedes wollte die Welt aus den Angeln heben und erlitt Schiffbruch. Von ihm stammt schließlich der Ausspruch. Daraus können wir lernen, dass es auf das richtige Gleichgewicht ankommt. Die Balance nicht zu verlieren und mit beiden Beinen auf der Erde zu stehen sollte zu den Grundtugenden eines Managers gehören.

- Die Balance nicht verlieren.
- Die richtige Wahl der Mittel treffen.
- Sich vor falscher Selbsteinschätzung hüten.
- Das Machbare im Auge behalten.

Das Spiel ist aus

Titel des gleichnamigen Film-Drehbuchs von Jean-Paul Sartre „Les jeux sont faits"

Haben wir zu hoch gepokert? Haben wir den Gegner unterschätzt? Wieder müssen wir einen Philosophen bemühen, um Klarheit zu gewinnen. Diesmal ist es Jean-Paul Sartre, in dessen Drehbuch zum gleichnamigen Film diese Bemerkung steht. Darin ruft ein Croupier beim Roulette diese Worte aus.

Gelten sie auch für Manager? Manager sind doch keine Glücksspieler – oder vielleicht doch? Zum professionellen Geschäft gehört immer auch ein bisschen Glück. Das Risiko ebenso. Beides richtig einzuschätzen macht aus dem Manager zwar keinen Glücksspieler, aber der Hinweis sei zumindest erlaubt.

Da gibt es einerseits die leichtsinnigen Spielernaturen, die alles auf eine Karte setzen und jene, die vor lauter Bedenken keine Kugel ins Rollen bringen. Wer jedoch das Risiko richtig abzuschätzen weiß, der kommt selten in die Lage jenes Spielers, bei dem dann wirklich nichts mehr geht, wo es nur noch heißt: Das Spiel ist aus.

- Risiko abwägen.
- Spielernaturen haben im Geschäftsleben nichts zu suchen.
- Professionelles Management ist kein Glücksspiel.

Besser spät als gar nicht

Zitat aus der „Römischen Geschichte" von Titus Livius („Ab urbe condita")

Der Satz von Michail Gorbatschow „Wer zu spät kommt, den bestraft das Leben", ist hier ausnahmsweise außer Kraft gesetzt. Das Gegenteil ist gemeint: Es gibt kein „zu spät"! Immer gibt es noch die Chance einer Revision, einer Umkehr, einer Wende. Und wem haben wir diese Weisheit zu verdanken? Von Titus Livius, einem römischen Geschichtsschreiber, stammt vermutlich diese Einsicht. In seiner römischen Geschichte „Ab urbe condita" finden wir einen Beleg dazu. Inzwischen hat sich diese Redensart eingebürgert, sie ist zum geflügelten Wort geworden.

Obwohl Manager das Zitat nicht häufig im Munde führen, wissen sie, welche Bedeutung es hat. Entscheidungen werden hinausgeschoben oder fallen in allerletzter Minute. Das ist ärgerlich und nervenaufreibend. Doch immerhin fällt eine Entscheidung. Es wird sich herausstellen, ob es die richtige war.

- Wenn Entscheidungen in letzter Minute fallen.
- Kurzfristige Entscheidungen und Entschlüsse können auch eine positive Wirkung haben.
- Die Chance einer Umkehr, Revision oder Wende nutzen.

Sturm und Drang

Das Zitat geht auf den Titel „Wirrwarr", eines Schauspiels von Friedrich Maximilian Klinger, zurück und wurde von dem Satiriker Christoph Kaufmann in „Sturm und Drang" umbenannt. Die Bezeichnung gab einer bedeutende literarische Epoche (ca. 1760–1780) ihren Namen.

Manchmal tun Sturm und Drang not, besonders dann, wenn einem der Wind aus den Segeln genommen wird und das Unternehmensschiff gerade nur noch so dahinschippert. Etwas anderes verstand man in der zweiten Hälfte des 18. Jahrhunderts darunter, die man gerne als „Geniezeit" bezeichnet. Damals schrieb der Dramatiker Maximilian Klinger ein Schauspiel mit dem Titel „Wirrwarr". Bei diesem Titel blieb es nicht. Der Schweizer Abenteurer und Satiriker Christoph Kaufmann gab dem Stück eine andere Bezeichnung: Er nannte es „Sturm und Drang". Kaufmann wusste, wovon er sprach. Der Satiriker war kein Kind von Traurigkeit. Er sah sich eher als einen typischen Vertreter seiner Zeit, die vor allem die herrschende Gesellschaftsordnung und deren Konventionen aufs Korn nahm. Man sprach zuweilen von jugendlicher Revolte.

Mal ehrlich: Würde uns eine kleine Revolte hie und da nicht auch manchmal gut tun? Verkrustete Strukturen aufzubrechen, überkommene Verhaltensweisen abzubauen – vielleicht würde das das Unternehmensschiff wieder in neue Fahrwasser bringen.

- Verkrustete Strukturen aufbrechen.
- Überkommene Verhaltensweisen ändern.
- Überflüssige Konventionen abschaffen.
- Eingefahrene Wege verlassen.

Auf einem Prinzip herumreiten

Zitat nach dem 3. Akt der Oper „Der Wildschütz" von Albert Lortzing

Musikfreunden wird diese Redewendung nicht unbekannt sein. Und wer es noch nicht weiß: Im 3. Akt der Oper „Der Wildschütz" von Albert Lortzing spricht der Schulmeister Baculus folgende Worte: „Der Herr Stallmeister reitet jetzt ein anderes Prinzip." Später wurde daraus jene besagte Redewendung.

Gibt es sie eigentlich noch, die Prinzipienreiter? Oder handelt es sich gar um eine aussterbende Art? Ganz hart Gesottene werden weiterhin auf ihre Prinzipien beharren und sie versuchen durchzusetzen. Starrköpfe und Dickschädel gibt es immer. Unser Wirtschaftssystem verlangt jedoch ein Höchstmaß an Flexibilität und Beweglichkeit. Ständig wechselnde Situationen erfordern ein rasches Umdenken, Reagieren und Handeln. Da bleibt wenig Zeit für Prinzipienreiterei.

- Starre Fronten auflösen.
- Verhärtete Gegensätze aufbrechen.
- Prinzipien nicht verallgemeinern.
- Offenheit propagieren.

Es ist Sand im Getriebe

Umgangssprachliche Redensart

Wenn Sand im Getriebe ist, funktioniert die Mechanik nicht mehr. Diese Weisheit ist nicht neu. So weit, so gut. Doch nicht immer läuft alles wie geschmiert. Plötzlich kann es zu einer Blockade, zu einem Stillstand kommen. Ganze Betriebe können auf diese Weise lahm gelegt werden. Auch eine Unterversorgung mit Material, Fehlberechnungen, unqualifizierte Mitarbeiter und ein schlechtes Management tragen dazu bei, dass die Räder still stehen.

Genau dies besagt jene bildhafte Redewendung, die wir gerne im umgangssprachlichen Gebrauch benutzen. Denn schnell spricht sich herum, dass „Sand im Getriebe ist". Der Imageschaden kann groß sein. Also sollten Belegschaft und Management alles daransetzen, damit die Räder laufen.

- Für einen reibungslosen Betriebsablauf sorgen.
- Probleme rechtzeitig erkennen.
- Warn- und Kontrollsysteme einrichten.
- Kontrollfunktionen ausüben.

Den Wald vor lauter Bäumen nicht sehen

Zitat aus der Versdichtung „Musarion oder Die Philosophie der Grazien" von Christoph Martin Wieland

Waldläufer wissen sofort, was gemeint ist. Aber auch für Manager, die tagtäglich mit vielen Problemen konfrontiert werden, die Routinearbeiten ebenso wie Einzelaufgaben lösen müssen, verstellt sich oft der Blick fürs Wesentliche.

Christoph Martin Wieland hat mit diesem populären Ausspruch die Problematik richtig erkannt. Zu viele Einzelheiten können den Blick auf das Ganze verstellen. Was hilft in einer solchen Situation? Nicht immer ist ein Waldstück in Büronähe, wo man auftanken oder abschalten kann. Da hilft einfach nur eine andere Perpektive weiter. Vielleicht genügt schon eine kleine Pause, ein kurzes Atemholen oder Verschnaufen, vielleicht auch nur eine andere Arbeit oder ein anderer Blick auf die Arbeit. Dazu braucht man keinen Coach – Einsicht genügt!

- Aus den eigenen Denknetzen befreien.
- Die Sichtweise ändern.
- Abstand gewinnen.
- Pausen einlegen.
- Die Wahrnehmung verändern.
- Den Horizont weiten.
- Neue Herangehensweisen ausprobieren.

Keiner weiß vom andern

Zitat aus dem Gedicht „Niemals wieder" von Hoffmann von Fallersleben

So lapidar diese Redewendung auch klingt, so unheilvoll kann sie in ihrer Auswirkung sein. Wollte Hoffmann von Fallersleben, bei dem diese Redewendung in dem Gedicht „Niemals wieder" zu finden ist, dies etwa ausdrücken? Wenn keiner vom anderen weiß, wenn jeder im Verborgenen arbeitet und seine Ziele verfolgt, kann es für ein Unternehmen gefährlich werden.

Gesteckte Ziele, Vorgaben und Fristen werden dann möglicherweise ausgehöhlt und dem Zufall preisgegeben. Das aber kann fatale Folgen haben. Regelmäßige Lagebesprechungen, Meetings und Konferenzen sind ein wirksames Mittel um „Vereinzelung" und „Geheimnistuerei" gegenzuwirken. Denn nur wenn alle mit vereinten Kräften an einem Strang ziehen, kann ein Unternehmen erfolgreich agieren.

- Teamgeist fördern.
- Geheimnistuerei bekämpfen.
- Regelmäßige Gesprächsrunden einführen.
- Mitarbeitergespräche führen.

Wer schaffen will, muss fröhlich sein

Titel eines Gedichts von Theodor Fontane

Haben Erfolgsmenschen die bessere Gemütslage? Haben Frohnaturen immer einen Vorsprung? Entscheiden etwa Gemüt, Verfassung und Wohlgefühl über Niederlage und Erfolg? Fest steht, gute Laune, positives Denken und eine heitere Lebensphilosophie sind entscheidende Faktoren für den Erfolg.

Gestresste Manager verbreiten oft eine Atmosphäre der Aufgeregtheit und Verunsicherung. Ihnen fehlt jene abgeklärte und heitere Natur, die schon der deutsche Dichter Theodor Fontane von seinen Zeitgenossen anmahnte:

> Du wirst es nie zu Tüchtgem bringen,
> Bei deines Grames Träumereien,
> Die Tränen lassen nichts gelingen:
> Wer schaffen will, muss fröhlich sein.

- Einen Stimmungswechsel herbeiführen.
- Das Arbeits- und Betriebsklima verbessern.
- Für eine gute Stimmung sorgen.
- Gute Laune verbreiten.
- Lust auf Leistung fördern.

Auf zum letzten Gefecht

Aus dem Refrain der „Internationalen" von Eugène Pottier (1888), Kampflied der internationalen Arbeiterbewegung

Manager an die Gewehre! Nein, so ist dieses Zitat nun doch nicht gemeint, auch soll hier niemand zu Schaden kommen. Doch wenn es darum geht, letzte große Anstrengungen zu vollbringen, sozusagen einen Kraftakt auszuführen, dann macht dieser Ausspruch Sinn.

Anders sahen es die Mitglieder der internationalen Arbeiterbewegung. In ihren einstigen Kampfliedern forderten sie zur alles entscheidenden Schlacht gegen die kapitalistische Herrschaft auf. „Völker, hört die Signale! Auf, zum letzten Gefecht", klang es im Refrain der „Internationalen" aus dem Jahre 1888.

Was ist davon geblieben? Gewiss, die Siegeslaune ist dahin, doch an Kampfeslust fehlt es nicht. Manager können auch daraus etwas lernen.

- Aufforderung zur letzten großen Anstrengung
- Einen Kraftakt vollbringen.
- Alles daran setzen, eine Arbeit oder Aufgabe zu vollenden.
- Kampfeslust zeigen, nicht müde werden.

Aufgeschoben ist nicht aufgehoben

Zitat von dem römischen Mönch Arnobius dem Jüngeren, ursprünglich in lateinischer Sprache verfasst (Quod differtur, non aufertur).

Grundsätzlich sollten die Dinge gleich erledigt werden. Aber wer das stressgeplagte Leben der Manager kennt, weiß, dass dies nur Wunschdenken ist. Vieles muss in der Tat aufgeschoben oder vertagt werden, was aber noch lange nicht heißt, dass es etwa ad acta gelegt und nicht mehr bearbeitet wird. Umso wichtiger ist es deshalb, den Vorgang nicht zu vergessen und eine Strategie der „Wiedervorlage" zu entwickeln. So kann man sicher sein, dass wichtige unbearbeitete Sachen nicht untergehen oder in der Schublade verschwinden.

Zu dieser Erkenntnis kam auch der römische Mönch namens Arnobius der Jüngere. Es gibt von ihm dieses Zitat in lateinischer Sprache. Das römische Reich war bekannt für seinen riesigen und schwerfälligen Verwaltungsapparat und so war es nur allzu verständlich, dass jemand zu einer solchen Losung kommen musste. Jener kluge Mönch sprach aus, was bereits allgemein praktiziert wurde. Bis in unsere Tage hinein hat sich diese Praxis bewährt. Schließlich ist auch das römische Imperium an ganz anderen Dingen zerbrochen.

- Arbeitsvorgänge am besten gleich erledigen.
- Eine Strategie der „Wiedervorlage" entwickeln.
- Unerledigte Vorgänge in Sichtweite behalten.
- Regelmäßiger Abbau unerledigter Sachen.

Aus Spöttern werden oft Propheten

Zitat aus der Tragödie „König Lear" V,3 von William Shakespeare

Fangen wir mit der Ehe an. Da sagt Regan in „König Lear" von Shakespeare: „Jesters do oft prove prophets" (Spaßmacher erweisen sich oft als Propheten) – sie antwortet damit auf Albany, der scherzhaft von einer Vermählung zwischen der Königstochter Regan und Edmund anspielt. Es scheint, als wünschte sie sich eine solche Hochzeit doch sehr. Leider wird daraus nichts – wie wäre es von einer Tragödie anders zu erwarten –, denn sie wird vergiftet.

Solche scherzhaften Anspielungen oder Prophezeiungen erleben wir oft in Gesprächen mit Freunden oder Arbeitskollegen. Doch Vorsicht: Was als Scherz oder Anspielung gemeint war, kann sich durchaus erfüllen und damit Spöttern scheinbar die Gabe der Prophetie verleihen. Im Berufsleben sieht es nicht anders aus. Was zunächst kritisch beäugt, belächelt oder verspottet wird, kann sich doch bewahrheiten und den Spötter in ein strahlendes Licht tauchen. Vorsicht vor Spöttern und ihren Prophezeiungen – sie könnten sich bewahrheiten!

- Auf kleine Spötteleien und Witzeleien nicht gleich schroff und abweisend reagieren.
- Dem Spötter vorsichtig entgegnen und nicht allzu früh die Siegerlaune aufsetzen.
- Spötter sollte man nicht unterschätzen.

Da beißt die Maus keinen Faden ab

Redewendung aus dem Volksmund

Woher diese Redewendung kommt, weiß keiner so genau. Sei's drum, der Volksmund hat schon längst davon Besitz ergriffen und weiß damit bestens umzugehen. Manchmal gibt es eben Situationen, wo es nicht anders geht, die Schuld eingelöst und das Versprechen eingehalten werden muss. Daran kommt man nicht vorbei, und da beißt die Maus auch keinen Faden ab. Es gibt viele Situationen im Leben, vor denen wir uns nicht drücken oder an denen wir uns nicht vorbeimogeln können. Da können wir uns noch so wenden, wie wir wollen, die Sache muss erledigt und die Arbeit verrichtet werden, denn sonst droht Ungemach – also die Maus. Sie lauert überall und wartet nur darauf den Erfolgsfaden durchzubeißen.

- Dringende Dinge sofort erledigen.
- Schulden und Rechnungen sofort begleichen.
- Arbeiten zu Ende führen (obwohl man sie lieber aufschieben würde).
- Auch unangenehme Dinge anpacken.
- Sich mit unabwendbaren Situationen arrangieren.

Der Kaiser ging, die Generäle blieben

Zitat nach dem gleichnamiger Roman von Theodor Plievier

... oder anders ausgedrückt: Der Chef geht, die alte Garde bleibt. Es ändert sich also nicht viel. Keine guten Perspektiven für die Zukunft, sollte man meinen. Ähnlich muss es der Reichspräsident Friedrich Ebert empfunden haben, als er vor dem Hintergrund des zusammenbrechenden Kaiserreichs einen Neuanfang wagte. Zu viele alte Kader waren noch im Amt, zu viele altgediente Autoritäten mischten noch mit. Was sich über Jahrhunderte festigen konnte, das war nicht leicht zu beseitigen. Alte, verkrustete Strukturen machten es dem Reichspräsidenten schwer, einen Neubeginn zu wagen. All dies kann man in dem Roman von Theodor Plievier nachlesen.

Für Manager bedeutet ein Führungswechsel nicht immer auch einen Neuanfang. Denn wenn der Boss geht, muss nicht unbedingt auch die Führungsriege gehen. Sie besteht oft weiter und macht den Reformern nicht selten zu schaffen. Es bedarf zu einem Neubeginn einer umfassenden Veränderung auf allen Ebenen. Auch müssen alle willens und motiviert sein, diesen Neuanfang mitzutragen. Gelingt dies nicht, ist zwar der Kaiser gegangen, aber das Reich mit seine Vasallen besteht noch immer.

- Alte, festgefahrene Strukturen sind nicht sofort aufzubrechen.
- Eine Veränderung muss sich auf allen Ebenen vollziehen.
- Alle Mitarbeiter müssen bereit und willens sein, den Neuanfang mitzutragen.
- Ein Neuanfang ist nur möglich, wenn alle am selben Strang ziehen.

Den Vorhang zu und alle Fragen offen

Zitat aus dem Parabelstück „Der gute Mensch von Sezuan" von Bertolt Brecht

Haben Sie „Das Literarische Quartett" schon einmal im Fernsehen gesehen? Kennen Sie den Kritiker Marcel Reich-Ranicki? Wenn ja, dann wissen Sie, um was es geht. Doch Vorsicht, das Zitat selbst stammt von einem anderen großen Literaten: Bertolt Brecht. Bleiben nach einem Gespräch oder einer Diskussion die Ergebnisse aus und haben die Gesprächsteilnehmer keine befriedigenden Antworten gefunden, dann eignet sich das Zitat vorzüglich, um die Gesprächsrunde zu beschließen. Den eleganten Ausstieg aus der Gesprächsrunde hat der Starkritiker der deutschen Literatur immer aufs Originellste bewältigt. Überhaupt sollte man das das „Literarische Quartett" als Seminar- und Schulungsstreifen vorführen. Manager, die regelmäßig Sitzungen, Meetings und Gesprächs- runden durchführen müssen, können daraus einiges lernen.

Doch zurück zu Bertolt Brecht. In seinem Parabelstück „Der gute Mensch von Sezuan" finden wir den vollen Wortlaut des Zitats wieder:

Wir stehen selbst enttäuscht und sehn betroffen

Den Vorhang zu und alle Fragen offen.

Was ist passiert? In diesem Stück spielen die Götter der Hauptdarstellerin übel mit. Shen Te bittet die drei Götter um Hilfe, da sie deren Forderung „gut zu sein und doch zu leben" nicht nachkommen kann. Jedoch zeigen sie sich unerbittlich und weisen ihre Bitte ab. Jetzt aber kommt der Clou: Am Ende des Stücks, das tatsächlich alles offen lässt, tritt ein Schauspieler vor den Vorhang und ruft dem Publikum zu, dass alle Fragen offen seien und jeder selbst nach einer Lösung suchen möge. So geht's halt auch!

- Lange und ergebnislose Diskussionsrunden rasch beenden.
- Einen guten und eleganten Abschluss finden.

In der Beschränkung zeigt sich erst der Meister

Aus einer Vorrede Goethes zur Eröffnung des neuen Schauspielhauses in Bad Lauchstätt am 26. Juni 1802

Es war am 26. Juni 1802, als in der kleinen Kurstadt Bad Lauchstätt das neue Schauspielhaus mit der Mozartoper „Titus" eröffnet wurde. Das zahlreich herbeigeströmte Publikum nahm erwartungsvoll Platz – und wurde nicht enttäuscht. Die Oper und das neue Schauspielhaus waren ein Erfolg. Die Sommerresidenz des Weimarer Hofes strahlte jetzt über alle Landesgrenzen hinaus.

Einen großen Anteil an diesem Erfolg hatte auch der Dichter Johann Wolfgang von Goethe. Denn vor Beginn der Oper konnten sich die Anwesenden von seiner Wortkunst beeindrucken lassen. Goethe schrieb eigens zu dieser Veranstaltung ein Vorspiel mit dem Titel „Was wir bringen." Darin wird das Verhältnis von Natur und Kunst abgehandelt. Das erlauchte Publikum nahm die salbungsvollen Worte Goethes im Schlussterzett wohlwollend zur Kenntnis:

Wer Großes will, muß sich zusammenraffen;

In der Beschränkung zeigt sich erst der Meister,

Und das Gesetz nur kann uns Freiheit geben.

Nun, das Zitat ist doppeldeutig. Einerseits ermahnt es uns, die Kräfte nicht unnütz zu vergeuden, Prioritäten zu setzen und zielstrebig nach vorne zu gehen, andererseits kann man das Zitat auch mit einem Schuss Ironie lesen. Wer würde dabei nicht an seine Vorgesetzten denken, deren bescheidene Talente kaum ausreichen, um die einfachsten Aufgaben zu lösen? Wie dem auch sei, das Publikum war begeistert und applaudierte aufs Lebhafteste.

- Kräfte nicht unnütz vergeuden.
- Das Beste aus seinen Gaben und Talenten machen.
- Mit geringen Mitteln ein optimales Ergebnis erzielen.

Auf glühenden Kohlen sitzen

Das Zitat ist seit dem 17. Jahrhundert bekannt und nimmt Bezug auf Foltermethoden im Mittelalter.

Sie warten schon seit Tagen auf die Lieferung, die Zahlung Ihres Kunden ist noch immer nicht eingegangen und die Bankforderung nicht mehr aufschiebbar. Wenn nicht in wenigen Tagen die Ware eintrifft, ist das Geschäft geplatzt. Und wenn die Zahlung Ihres Kunden nicht rechtzeitig eingeht, gibt es Ärger mit der Bank. Sie sitzen also wie „auf glühenden Kohlen".

Das Zitat ist seit dem 17. Jahrhundert bekannt und dürfte wohl auf Foltermethoden im Mittel- alter zurückzuführen sein, als man die Opfer auf glühende Kohlen setzte. Ganz so schlimm ist es heute zwar nicht, aber ausbleibende Lieferungen und Zahlungseingänge können einem nicht nur den Schweiß auf die Stirn treiben, sie gleichen oft jenen Folterzuständen des Mittelalters. In solchen Phasen wird die Geduld des Kaufmanns überstrapaziert, denn von einem reibungslosen Geschäftsverkehr hängt der Erfolg des Unternehmens ab. Ruhe bewahren und nach anderen Lösungen suchen ist die einzige Alternative. Erfahrene Manager wissen mit einer solchen Situation umzugehen.

- Nicht die Nerven verlieren.
- Ruhe bewahren.
- Rationale Entscheidungen treffen.
- Versuchen, die Situation in den Griff zu bekommen.

Hand und Fuß haben

Redewendung aus dem Volksmund

Woher diese Redewendung stammt, darüber streiten die Gelehrten. Offensichtlich ist wohl die Unversehrtheit und damit die volle Leistungsfähigkeit eines Menschen gemeint. Aber auch ein gewisser Grad an Verlässlichkeit und Professionalität könnte damit zum Ausdruck kommen. Fest steht: Was nicht Hand und Fuß hat, davon sollte man die Finger lassen (so könnte die Erweiterung lauten).

Für Geschäfte gilt dies ganz besonders. Treten bei einem Geschäft Zweifel oder Unstimmigkeiten auf, so sind diese zu klären und aus dem Weg zu räumen. Erst dann sollte die Unterschrift unter den Vertrag gesetzt werden. Um die Seriosität eines Händlers/Geschäftspartners festzustellen, sind Recherchen nötig. Der Aufwand mag zunächst groß erscheinen, lohnt sich aber, wenn man sieht, dass sich doch ab und zu ein Verdacht bestätigt. Was Hand und Fuß hat, braucht keine Prüfung zu scheuen.

- Die Seriosität eines Anbieters prüfen.
- Zuverlässigkeit und Leistungsfähigkeit müssen stimmen.
- Kein Vertragsabschluss ohne Prüfung der Fakten.
- In Zweifelsfällen keinen Vertragsabschluss tätigen.

Doch der den Augenblick ergreift, das ist der rechte Mann

Zitat aus der Tragödie „Faust I" von Johann Wolfgang von Goethe

Und wo bleiben die Frauen? Handelt es sich hier wieder einmal um ein typisches Männerzitat? Weit gefehlt! Die Frau ist und bleibt der Mittelpunkt dieser Redewendung und das hat seinen Grund. Goethe, der besonders gut mit Frauen umzugehen wusste, lässt in dem Stück „Faust I" Mephisto einem, der gerne sein Schüler wäre, folgenden Ratschlag geben:

Ein jeder lernt nur, was er lernen kann;
Doch der den Augenblick ergreift,
Das ist der rechte Mann.

Um was geht es? Jener Schüler möchte erfolgreich Arzt werden. Mephisto rät ihm jedoch von einem längeren Studium ab und verweist dabei auf weibliche Patienten, denen durch Esprit und entschlossenem Auftreten gut beizukommen wäre. Warum also noch lange studieren? Außerdem müsse man die Chancen ergreifen, die sich böten (damit meinte er wohl die Gunst des Augenblicks).

Wir wollen das Zitat an dieser Stelle nicht vertiefen und überlassen es dem Leser, weitergehende Spekulationen anzustellen. Karriere, so wird uns mit diesem Beispiel deutlich gemacht, ist nicht immer planbar. Oft entscheiden Zufälle und Chancen über den Erfolg – und keinesfalls nur lange Studienzeiten.

- Chancen und Möglichkeiten nicht verpassen.
- Die Gunst des Augenblicks nutzen.
- Lange Studienzeiten sind kein Erfolgsrezept.

Ich weiß, dass ich nichts weiß

Das Zitat stammt aus der „Verteidigungsrede" des Sokrates und wurde von dem Philosophen Platon überliefert.

Verteidigung ist manchmal besser als Angriff, vor allem dann, wenn man sich nicht sicher ist, ob die Antwort auch stimmt, die man zu geben vermag. Treten Zweifel auf, sollte man lieber auf eine Antwort verzichten. Wer will sich schon blamieren? Apropos Verteidigung. Das Zitat stammt aus der berühmten „Verteidigungsrede" von Sokrates, die uns Platon überliefert hat. Zwei Philosophen können nicht irren, und so sollte man zumindest einmal darüber nachsinnen.

Es ist jedenfalls keine Schande, wenn man etwas nicht weiß. Denn einer allein kann nicht alles wissen. Und so gibt man sich auch keine Blöße, wenn man offen gesteht, die Frage nicht beantworten zu können. Experten zu befragen und kompetenten Rat einzuholen ist deshalb selbstverständlich. In unserer komplexen Welt bergen vorschnelle Antworten immer eine Gefahr. Denn Wissen von gestern ist heute vielleicht schon wieder veraltet. Man ist also gut beraten, wenn man nicht den Allwissenden spielt.

- Vorschnelle Antworten vermeiden.
- Wissen von gestern ist vielleicht heute schon wieder veraltet.
- Treten Zweifel bei der Beantwortung einer Frage auf, lieber auf eine Antwort verzichten.
- Rat bei Sachverständigen und Experten einholen.

Wissen, wo der Schuh drückt

Dieses Zitat geht auf den griechischen Schriftsteller Plutarch zurück.

Zugegeben, nicht immer wird sofort erkennbar, wo das Problem liegt, welche Ursachen und welche Auswirkungen es hat. Wichtig sind daher Informanten, die an den Quellen sitzen, die die Probleme kennen und „wissen, wo der Schuh drückt".

Der griechische Schriftsteller Plutarch wusste hingegen von anderen „Schuhproblemen" zu berichten. So erzählt er von einem Römer, der sich von seiner Frau scheiden ließ. Diese Frau war reich und schön. Keiner konnte deshalb verstehen, warum er sich unbedingt von ihr scheiden lassen wollte. Er musste sich nun unangenehmen Fragen und Vorwürfen aussetzen. Um seiner Umwelt zu verdeutlichen, was sie nicht verstehen wollte oder konnte, streckte er ihr einen Schuh entgegen. Der Schuh sei schön und neu, sagte der Römer, doch könne niemand beurteilen, ob er nicht auch drücke, da die anderen ihn ja selbst nicht trügen. Ähnlich sei es mit der Ehe, da könne auch niemand mitreden, da keiner der Männer mit seiner Frau verheiratet sei. Dem wollen wir nichts hinzufügen!

- Nach den Ursachen forschen.
- Dem Übel auf den Grund gehen.
- Nach versteckten Sorgen und Nöten suchen.

„Was tun?", spricht Zeus

Umgangssprachliche Rede-wendung aus dem Volksmund; bezieht sich auf eine Strophe in dem Gedicht „Die Teilung der Erde" von Friedrich Schiller.

Oft ist guter Rat teuer. Oder wissen die Götter vielleicht doch mehr? Friedrich Schiller wusste jedenfalls die Ratlosigkeit in Worte zu fassen. In der letzten Strophe seines Gedichts „Die Teilung der Erde" lesen wir diese Zeilen. Bei der Teilung der Erde ist der Dichter leer ausgegangen. Da macht Zeus im folgendes Angebot:

> „Was tun?" spricht Zeus, „Die Welt ist wegegeben,
> Der Herbst, die Jagd, der Markt ist nicht mehr mein.
> Willst du in meinem Himmel mit mir leben,
> Sooft du kommst, er soll dir offen sein."

Der Volksmund hat aus Schillers Worten „„Was tun?', sprach Zeus" gemacht. Was tun? So fragen sich auch immer häufiger Manager. In einer globalen Welt sind schnelle Antworten kaum noch möglich und Fehlentscheidungen können viel Geld kosten. Deshalb ist es klüger Expertenrat einzuholen und danach eine Entscheidung zu treffen.

- Bei Ratlosigkeit Sachverständige, Experten und Insider hinzuziehen.
- Meetings und Expertenrunden können zu einer fundierten Entscheidung beitragen.

Tabula rasa

Ursprünglich geht der Ausdruck auf Aristoteles zurück und wurde im Mittelalter von den Gelehrten Albertus Magnus und Thomas von Aquin verwendet.

Der Ausdruck bedeutet wörtlich übersetzt „reiner Tisch", im übertragenen Sinne so viel wie „unbeschriebenes Blatt". Was ist Ihnen lieber, reinen Tisch zu machen oder weiterhin als unbeschriebenes Blatt zu gelten? Der „reine Tisch" sorgt für klare Verhältnisse. Sie demonstrieren damit Entschlossenheit, Stärke und Macht. Als „unbeschriebene Blatt" weiß man noch nicht viel von Ihnen, was die Wahl der Mittel unter Umständen etwas erleichtert.

Fassen wir zusammen: Entweder gleich zur Sache kommen, reinen Tisch machen oder planvoll und kalkuliert vorgehen. Letzteres ist empfehlenswert, wenn Sie noch neu in der Firma sind, denn da will man nicht gleich ins Fettnäpfchen treten.

Zu dieser unterschiedlichen Deutung kamen auch die Gelehrten des Mittelalters. Albertus Magnus und Thomas von Aquin nahmen in ihren Schriften Bezug auf jenen Ausdruck des Aristoteles. In unserer Zeit hat sich der Ausdruck „Tabula rasa" stark gewandelt und wird fast nur noch in den Redewendungen „Reinen Tisch machen" und „Klare Verhältnisse schaffen" verwendet. Alles klar?!

- Reinen Tisch machen und dabei klar Position beziehen.
- Für klare Verhältnisse sorgen.
- Gleich zur Sache kommen.

Es irrt der Mensch, solang er strebt

Zitat aus der Tragödie „Faust", Teil I „Prolog im Himmel" von Johann Wolfgang von Goethe

Falsche Entscheidungen können uns Kopf und Kragen kosten. Und Irrtümer sind nicht immer revidierbar. Der Schaden kann also ins Unermessliche gehen. Trotzdem passieren Irrtümer und Fehler ständig, sie sind die täglichen Begleiter unserer Arbeit. Damit müssen wir leben, denn niemand ist perfekt. Selbst in den ausgeklügeltsten Computerprogrammen verstecken sich Fehler. Unser Seelenheil sollte dies nicht anfechten, wie der Hinweis auf „Faust" zeigt.

Doch der Reihe nach. Mephisto wettet mit Gott um Fausts Seelenheil. Er bittet ihn um die Erlaubnis, Faust auf den schlechten Weg bringen zu dürfen. Der Herr antwortet Mephisto mit den Worten:

> Solang er auf der Erde lebt,
> Solange sei dir's nicht verboten,
> Es irrt der Mensch so lang er strebt.

Das Zitat will nichts anderes zum Ausdruck bringen, als dass einem Menschen, solange er lebt und strebt, immer Irrtümer unterlaufen können und dass dies kein Makel ist. Lassen wir also Gnade walten: bei uns und bei anderen.

- Von Fehlern und Irrtümern können wir uns nicht freimachen.
- Solange wir leben und streben, unterlaufen uns Irrtümer.
- Wir sollten nachsichtiger sein.

Es ist noch nicht aller Tage Abend

Zitat aus dem Werk „Ab urbe condita" des römischen Schriftstellers Titus Livius

Dieses Sprichwort steht auf der Hitliste volkstümlicher Redensarten ganz oben. Jeder hat es schon einmal gehört oder selber in den Mund genommen. Selbst gestandene Manager klammern sich an diesen Grundsatz. Dass der Tag 24 Stunden hat und am Nachmittag noch längst nicht alle Würfel gefallen sind, ist eine Binsenweisheit. Entscheidungen fallen oft in letzter Minute und Sitzungen enden selten kurz vor Mitternacht. So gesehen bewahrheitet sich diese Redensart immer wieder.

Der römische Schriftsteller Titus Livius hat dem Makedonenkönig Philipp V. folgende Worte in den Mund gelegt: nondum omnium dierum solem occidisse. Die Übersetzung klingt etwa so: „Noch sei nicht die Sonne aller Tage untergegangen." Später ist daraus jene bekannte Formulierung geworden, die schon viele Menschen vor der Verzweiflung gerettet hat.

Der Satz will deutlich machen, dass es nicht zu spät ist und bis zum Abend noch alle Register gezogen werden können. Optimisten werden dem zustimmen!

- Nichts unversucht lassen.
- Chancen nutzen.
- Alle Möglichkeiten ausloten.
- Optimistisch in den Tag gehen.

Auf dem Holzweg sein

Umgangssprachliche Rede-wendung

Spätestens dann, wenn der eingeschlagene Weg nicht zum gewünschten Ort führt, ist man auf dem Holzweg. Dies gilt im geografischen wie im metaphorischen Sinne. Holzwege können auch Wege sein, die in die Irre führen, auf denen man das Ziel aus den Augen verliert und die keine rechte Verbindung zwischen dem Ausgangsort und dem Endpunkt bilden.

Solche Wege bekamen früher die Bezeichnung Holzwege, denn sie dienten ausschließlich dazu, das Holz abzufahren. Wer auf diese Wege gelangte, war entweder ortsunkundig oder unvorsichtig. Nur Waldarbeiter kannten den Verlauf der Wege.

Es ist also ratsam, sich vorher über Pfade und Wege kundig zu machen und dann zu starten. Nur Narren gehen einfach drauflos und hoffen, dass der Weg der Richtige ist und zum Ziele führt.

Mahnende Worte zu diesem Thema hörte man in den Jahren 1498/99 vom Prediger Johann Geiler von Kaysersberg. Er befasste sich in einer seiner Predigten mit dem „Narrenschiff" des Sebastian Brant. In der Predigt von damals hieß es: „... man findet under tausend nicht einen, der dem rechten Weg nachtrachtet, sondern sie gehen all dem Holzweg nach und eilen heftig, bisz sie zu der hellen (Hölle) kommen." Tragischer kann also ein Weg nicht enden.

Holzwege gibt es nicht nur im Wald, es gibt sie auch im Berufsleben. Manche erkennen erst in der Mitte des Weges, dass sie falsch entschieden, geplant oder disponiert haben. Wer sicher sein will, dass er sich auf dem richtigen Weg befindet, der mache sich kundig, orte die Lage und ziehe notfalls Experten und Sachverständige heran.

- Standort prüfen, Lage sondieren.
- Sich vergewissern, ob die Richtung stimmt.
- Experten und Sachverständige befragen.
- Stets das Ziel im Auge behalten.

Dieses war der erste Streich

Zitat aus den Lausbubenge-schichten „Max und Moritz" von Wilhelm Busch

... doch der zweite folgt zugleich – so ginge das Zitat weiter. Streiche aller Arten können sich Manager gewiss nicht leisten. Aber wenn eine Blitzaktion eingeschlagen hat und alle vom Erfolg überrascht sind, die Konkurrenz sich verwundert die Augen reibt, dann kann man von einem gelungenen Streich sprechen. Ob ein zweiter folgen soll, muss von den Beteiligten entschieden werden. Eine Erfolgsgarantie gibt es nicht. Dagegen ist ein „Handstreich" eine andere Sache. Dazu bedarf es in der Regel einer wohl durchdachten Strategie. Der Überraschungseffekt jedoch spielt bei beiden Varianten eine große Rolle.

Ähnlich clever verhalten sich Max und Moritz in den Bildergeschichten von Wilhelm Busch. Ihre Streiche sind gefürchtet und die Leidtragenden haben dabei nichts zu Lachen – wie die arme Witwe Bolte, die durch den ersten Streich von Max und Moritz vier ihrer Hühner verliert. Denn die beiden cleveren Jungs legen für die Hühner einen Köder an Schnüren aus, in denen sich das Federvieh so sehr verheddert, dass es an einem Baum hängenbleibt: „Jedes legt noch schnell ein Ei,/Und dann kommt der Tod herbei." Trotz aller Brutalität sind die Bildergeschichten von Wilhelm Busch sehr beliebt und werden auch noch heute gern von Kindern gelesen.

Manager müssen, um erfolgreich zu sein, keine Kinderbücher lesen, aber sie können den kleinen und großen Streichen so manche Anregung entnehmen. Denn vom Witz und Einfallsreichtum von Max und Moritz kann sich so mancher noch eine Scheibe abschneiden.

- Kleine und große Streiche sind erlaubt, wenn sie niemandem schaden.
- Auf den Überraschungseffekt kommt es an.
- Blitzaktionen können sehr erfolgreich sein.
- Witz und Einfallsreichtum führen zum Ziel.

Getrennt marschieren, vereint schlagen

Das Zitat geht auf den preußischen General Scharnhorst zurück

Schon der preußische Generalfeldmarschall Helmuth Graf von Moltke organisierte seine Massenheere nach diesem Prinzip. Seine Devise „Getrennt marschieren, vereint schlagen" bewährte sich bei vielen militärischen Operationen und bescherte ihm nachhaltigen Ruhm. Urheber dieses Zitats war jedoch ein anderer, nicht minder bedeutender militärischer Stratege, der preußische General Scharnhorst. Angeblich, so wird berichtet, hat er das Zitat in die Welt gesetzt und damit eine Menge Bewegung in die starren Militärköpfe gebracht.

Manager können sich diese Strategie zu Eigen machen. Wenn die Ziele und Vorgaben klar definiert, die Stoßrichtung vorgegeben und die Einsatzpläne ausgearbeitet sind, kann diese Doppelstrategie durchaus Sinn haben. Ressourcen werden in der entscheidenden Phase gebündelt und erreichen damit eine größere Durchschlagskraft und Wirksamkeit.

Aber auch auseinander laufende Wege und unabhängige Bestrebungen können zu einem gemeinsamen Ziel führen. Wenn sich verschiedene Heeresteile zu einem Sturmangriff verbünden, so hat das Vorteile. Die Schlagkraft ist gebündelt umso stärker. Was Scharnhorst und Moltke gelang, das müsste auch Managern gelingen: Getrennt marschieren, vereint schlagen.

- Ein gemeinsames Ziel auf unterschiedlichen Wegen erreichen.
- Ressourcen bündeln.
- Eine Doppelstrategie entwickeln.

Die Kastanien aus dem Feuer holen

Das Zitat geht auf die Fabel „Der Affe und die Katze" von dem französischen Fabeldichter La Fontaine zurück

In der Fabel „Der Affe und die Katze" versucht der Affe Bertrand, der gerade Appetit auf gebratene Kastanien hat, die Katze Raton zu überreden, ihm diese aus der glühenden Asche zu holen. Der Affe hat anscheinend verstanden, worauf es ankommt: Jemand anderes soll sich statt seiner in Gefahr begeben.

Manager kennen dieses Spiel nur allzu gut. Sie werden nicht selten vorausgeschickt, um die Kastanien aus dem Feuer zu holen. Man traut ihnen doch einiges zu. Wenn es allerdings nur darum geht, heikle Missionen und brenzlige Aufgaben zu übernehmen, für die sich kein anderer findet, dann muss die Notbremse gezogen werden. Manager sind schließlich keine Feuerwehrleute, die unentwegt Brandherde löschen. Die Gefahr, dass man nur mit solchen Aufgaben betraut wird, ist nicht gering. Sollte dies der Fall sein, muss offen darüber gesprochen werden.Und manchmal ist einem nicht einmal der Dank der anderen sicher, denkt man zum Beispiel an die arme Katze Raton aus der Fabel, die keine einzige der Kastanien abbekam.

Andererseits kann jemand durch solche Aufgaben seine Talente und Fähigkeiten unter Beweis stellen, was für einen Karrieresprung von Vorteil ist.

Katzen und andere geschmeidige Tiere, die es verstehen, auf samtenen Pfoten daherzukommen und sich vor Mutproben nicht drücken, genießen nicht nur in der Tierwelt großes Ansehen. Einmal die Tatzen und Krallen zu zeigen macht Eindruck und verleiht Autorität.

- Es kann der Karriere förderlich sein, auch einmal heikle Aufgaben zu übernehmen.
- Tatzen und Krallen zu zeigen macht Eindruck und verschafft Autorität.
- Talente und Fähigkeiten erproben.

Gefahr im Verzug

Nach Titus Livius „Ab urbe condita": „cum iam plus in mora periculi" – hieraus bildete sich die Kurzform „periculum in mora".

Längst gehören die großen Schlachten von einst der Geschichte an. Wie auch immer die Schlachtpläne der Feldherren aussahen, von Rückzug oder Auflösung der Truppen erfahren wir wenig. Meist wird von heroischen Taten und glorreichen Siegen berichtet. Niederlagen werden von den Chronisten ausgespart, verschwiegen oder einfach nur schön gefärbt. Der römische Historiker Livius berichtet uns dagegen von einem Feldherrn, der seinen Truppen befahl sich abzusetzen. Er erkannte, dass die Gefahr in der Verzögerung und im geordneten Abzug der Truppen größer ist als in der Auflösung und Absetzung einzelner Teile.

Auf dem Schlachtfeld der Wirtschaft können Verzögerungen und langsame, geordnete Rückzüge ebenfalls großen Schaden anrichten. Da ist es manchmal besser in kleinen unauffälligen Schritten zu agieren.

- Die Gefahr rechtzeitig erkennen.
- Wenn Verzögerungen und Versäumnisse den Betriebsablauf. gefährden, umgehend eingreifen.
- Jede Verzögerung kostet Geld.
- Für Schadenbegrenzung sorgen.
- Krisenstab einberufen und geeignete Maßnahmen einleiten.

Die Lage peilen

Diese Redewendung hat vermutlich ihren Ursprung in der Seefahrt.

Eine Seefahrt ist nicht immer lustig, deshalb ist es wichtig, hin und wieder die Lage zu peilen, damit das Schiff nicht vom Kurs abkommt. Eine Positionsbestimmung ist daher unerlässlich. Das Peilen bezieht die Konstellation der Gestirne und die Wassertiefen gleichermaßen ein. Mit diesen Angaben lässt sich die Position eines Schiffes bestimmen.

Ähnlich verhält es sich mit einem Unternehmen. In welcher Position befindet es sich? Muss eventuell der Kurs geändert werden? Welche Risiken können es in die Tiefe ziehen und welche Fahrwasser sollten vermieden werden? Müssen Korrekturen vorgenommen und neue Koordinaten aufgestellt werden? Fragen, die ein Kapitän sich stellen muss.

Wir haben es also mit einer umgangssprachlichen Redewendung zu tun, die eindeutig aus der Seefahrt kommt. Anwendbar ist sie aber auch im modernen Wirtschaftsleben. Hier entscheiden allerdings die Wirtschaftskapitäne über Wohl und Wehe eines Unternehmens. Ihnen zur Seite gesellen sich die Wirtschaftsberater und das unternehmenseigene Management. Auf ihre Analysen und Einschätzungen kommt es an. Je präziser die Marktbeobachtungen und Analysen sind, umso genauer lassen sich Kursänderungen vornehmen.

- Die Position des Unternehmens beurteilen.
- Eine Lagebeschreibung durchführen.
- Eine Marktanalyse in Auftrag geben.
- Den eigenen Standort bestimmen.
- Den Kurs festlegen.

Das also ist des Pudels Kern

Zitat aus der Tragödie „Faust I" von Johann Wolfgang von Goethe

Vor Überraschungen sind auch Manager nicht gefeit. Das Geschäftsleben steckt eben voller Tücken und Gefahren. Was zunächst harmlos und unscheinbar erscheint, was man zu kennen glaubt und einzuschätzen weiß, entpuppt sich plötzlich als handfeste Überraschung. Zum Glück geschieht dies nicht oft. Doch schon Goethe wusste von solchen Einfällen und Launen der Natur zu berichten. In seinem Drama „Faust I" gesellt sich während eines Osterspaziergangs von Faust und Wagner ein schwarzer Pudel hinzu. Dieser fällt den beiden Spaziergängern durch sein merkwürdiges Verhalten auf. Zu Hause angekommen, begibt sich Faust in sein Studierzimmer. Dorthin folgt ihm auch der Pudel. Plötzlich und unerwartet verwandelt sich das Tier in eine menschliche Gestalt: Mephisto erscheint im Kostüm eines fahrenden Scholaren. Erstaunt und überrascht ruft Faust jene bekannten Worte aus.

Ein Pudel wird es wohl nicht sein, den Manager fürchten müssen. Doch sie müssen mit anderen Verwandlungen, Überraschungen und unvorhersehbaren Situationen rechnen. Nichts ist mehr unmöglich.

- Auf alles gefasst sein.
- Das Unberechenbare einkalkulieren.
- Harmlose und unscheinbare Vorgänge nicht unterschätzen.
- Sich stets auf neue und überraschende Situationen einstellen.

Ich kam, ich sah, ich siegte

Julius Cäsar soll diesen Ausspruch gegenüber seinem Freund Amicitius geäußert haben.

Zugegeben: Blitzsiege in der Wirtschaft sind selten. Vielmehr ist anstrengende und ausdauernde Arbeit, harter Wettkampf und cleveres Business notwendig, um auf dem Markt zu bestehen. Da hatte es Gaius Julius Cäsar etwas einfacher, er war bekannt für seine Blitzsiege. So konnte er ruhig mit den lateinischen Worten *veni, vidi, vici* angeben und auf seinen Blitzsieg über Pharnakes II. im Jahre 47 v. Chr. verweisen. Was war geschehen? Kaum angekommen, hatte Cäsar die Lage schnell erfasst und die richtigen Entscheidungen getroffen. Das führte zum Sieg.

Auch für Strategen von heute gilt: Zu langes Zögern macht den Sieg eher unwahrscheinlich.

- Neue Märkte erschließen.
- Pionierarbeit leisten.
- Überzeugungsarbeit leisten.
- Dynamische und zielsichere Vorgehensweise.
- Selbstsicheres Auftreten und persönliche Ausstrahlung führen zum Erfolg.

Allzu straff gespannt, zerspringt der Bogen

Das Zitat hat seinen Ursprung in der griechischen Antike u. a. bei Sophokles und Herodot. Richtig bekannt wurde es erst durch Schillers Drama „Wilhelm Tell".

... das kann durchaus der Fall sein, wenn die Anforderungen zu hoch gesteckt sind und die Ziele kaum noch erreicht werden können. Schon die Dichter der griechischen Antike (u. a. Sophokles und Herodot) wussten, wovon sie sprachen. Und so hat dieses Zitat seinen Lauf genommen bis hin zu Schillers Drama „Wilhelm Tell". Dort taucht es an bedeutender Stelle wieder auf, wenn es heißt, „... allzu straff gespannt, zerspringt der Bogen."

Klar ist, die gesteckten Ziele und Erwartungen müssen erreichbar sein, sonst ist die Anspannung zu groß und der Bogen zerspringt. Dieses Zitat eignet sich gut für Führungskräfte und Teamleiter, die Aufgaben und Ziele festlegen. Sie können darüber nachdenken, ob die Forderungen nicht doch zu hoch sind. Wenn ja, dann besteht die Gefahr der Überforderung und es müssen Alternativen entwickelt werden.

- Zielvorgaben müssen erreichbar sein.
- Keine überspannten Erwartungen stellen.
- Unnötige Vorschriften vermeiden.
- Ohne Reglementierungen auskommen.
- Regelwerke und Gesetze den tatsächlichen Erfordernissen anpassen.
- Arbeitsdruck verhindern.

Den gordischen Knoten durchhauen

Zitat aus der griechischen Sagenwelt

Was, bitte schön, ist ein gordischer Knoten? Diese Frage stellt sich zuerst, wenn man von dieser Redewendung hört. Auch hier bei diesem Zitat reicht der Faden weit zurück in die Vergangenheit. In einer griechischen Sage wird von den kunstvollen Verknotungen am Wagen des Königs Gordios erzählt. Einem Orakel folgend, soll derjenige die Herrschaft über Kleinasien erlangen, der die Knoten löst. Wie es heißt, habe Alexander der Große mit seinem Schwert die Knoten durchhauen.

Nun, heute stehen uns keine Schwerter mehr zur Verfügung, aber festgefahrene Situationen und „verknotete Probleme" gibt es in fast allen Arbeitsbereichen. Sie zu lösen, kann auf vielfältige Art geschehen. Manchmal hilft „Brainstorming" weiter. Dabei können Probleme und Schwierigkeiten durchaus spontan und schlagartig gelöst werden. Die zündende Idee, der geniale Einfall, die zufällige Lösung können beim „Brainstorming" blitzartig zum Erfolg führen. Probieren Sie es aus!

- Probleme und Schwierigkeiten gemeinsam lösen (Teamarbeit, Brainstorming).
- Einfache Lösungen bevorzugen.
- Experten und Sachverständige einschalten.

138 MANAGEMENT: FÜHREN + GESTALTEN

Vertrauen ist gut, Kontrolle ist besser!

Es handelt sich um ein ähnliches russisches Zitat, das Lenin oft benutzt haben soll.

Ob von Lenin oder nicht, egal. Das Sprichwort wird gerne von Führungskräften in Anspruch genommen. Tatsächlich handelt es sich aber nur um ein anverwandtes russisches Sprichwort, das so ähnlich klingt und die Notwendigkeit der Kontrolle verdeutlichen soll. Von Lenin ist diese Version bekannt: „Nicht aufs Wort glauben, aufs strengste prüfen – das ist die Losung der marxistischen Arbeiter" (Werke, Band 20).

Was will uns das Sprichwort sagen? Natürlich sollte zwischen Vorgesetzten und Mitarbeitern ein vertrauensvolles Verhältnis bestehen, doch darf auch die Kontrolle nicht fehlen. Fehlt die Kontrolle ganz, ändert sich auch das Vertrauensverhältnis, denn schließlich muss sich Vertrauen „bewähren" und „prüfbar" sein. Nur so kann eine wirklich dauerhafte und gute Zusammenarbeit gelingen. Doch sollte man es dabei nicht übertreiben. Letzteres sollten Führungskräfte besonders beherzigen.

- Funktion der Kontrolle erklären.
- Kontrollaufgaben erläutern.
- Notwendigkeit von Kontrolle und Prüfung formulieren.
- Zweck und Inhalt der Kontrolle begründen und um Verständnis werben.

Aus der Not eine Tugend machen

Ratschlag aus einem Brief des Kirchenvaters Hieronymus

Manchmal haben Kirchenväter doch die besseren Ratschläge parat. So soll der Kirchenvater Hieronymus den Ratschlag erteilt haben, aus einer schlechten und aussichtslosen Lage doch noch das Beste zu machen; jedenfalls sollte der Versuch dazu unternommen werden.

Die aufmunternden Worte gelten auch heute noch. Besonders Manager, die allzu oft schwierige Situationen und Krisenmomente erleben, sollten sich diesen Satz einprägen – und nichts unversucht lassen.

- Krisensituationen meistern.
- Notlagen überwinden.
- Krisenmanagement betreiben.
- Niederlagen abwenden.
- Kampfeswillen demonstrieren und nicht aufgeben.

Das kleinere Übel

Es finden sich aber auch bei Aristoteles und Cicero Hinweise auf diesen Ausspruch. „Von zwei Übeln wird niemand das größere wählen, wenn er das kleinere wählen kann", so die Worte des Sokrates im Dialog „Protagoras" von Platon. Ob Sokrates die Worte jemals ausgesprochen hat, bleibt ungeklärt.

Fakt ist: Wenn keine bessere Alternative vorhanden ist, sollte man das kleinere Übel wählen. Bestenfalls kann damit Schlimmeres vermieden und größerer Schaden abwendet werden. Das fanden auch Aristoteles und Cicero, die auf ähnlicher Weise argumentierten.

Und wie denken Manager darüber? Die Praxis sieht ähnlich aus. Jeden Tag müssen sie Entscheidungen treffen und optimale Ergebnisse erzielen. Nicht immer gelingt es ihnen, das Beste herauszuholen. Oft müssen Kompromisse gemacht und Nachteile in Kauf genommen werden. Da stellt sich dann die Frage nach dem kleineren Übel ganz direkt. Ist die Zielvorgabe eindeutig, ist auch die Entscheidung nicht schwer. Gibt es dagegen noch Spielräume, so ist eine Wahl zu treffen. Anders als Gotthold Ephraim Lessing gehen wir nicht davon aus, dass diese Welt die beste aller Welten ist, sondern richten uns auf kleinere und größere Übel ein.

- Alternativen und Spielräume prüfen.
- Vorteile und Nachteile abwägen.
- Kleinere Übel in Kauf nehmen.
- Das Beste herausholen.

Marketing

Es nützen die besten Produkte nichts, wenn es an der Vermarktung hapert und die Käufer fehlen. Eine fundierte Marktanalyse und eine auf den Käufer abgestimmte Werbekampagne, ist schon fast der halbe Gewinn. Image- und Marktpflege tun ein Übriges. Daneben gilt es, Trends und Moden zu erkennen, neue Marketinginstrumente auszuprobieren und auch mal unkonventionelle Wege zu gehen. Wer an den Trends vorbeigeht und den Zeitgeist leugnet, der hat schlechte Karten. Nah dran sein am Puls der Zeit, und dennoch einen Schritt voraus zu sein, darum geht es. Harte Arbeit für Werbeleute und Kreative. Die Sprichwörter zum Thema:

> **In der ersten Reihe sitzen**
> **Das Beste ist gerade gut genug**
> **Nicht mit Gold aufzuwiegen sein**
> **In der Kürze liegt die Würze**
> **Nicht kleckern, sondern klotzen**
> **In Hülle und Fülle**
> **Wie sich die Bilder gleichen**
> **Gut gebrüllt, Löwe!**
> **Und läuft und läuft und läuft ...**
> **Es bleibt immer etwas hängen**
> **Wie es euch gefällt**
> **Nach allen Regeln der Kunst**
> **Schnee von gestern**
> **Das Gras wachsen hören**
> **Weniger wäre mehr gewesen**
> **Auf die Barrikaden gehen**
> **Der letzte Schrei**
> **Man muss die Feste feiern, wie sie fallen**
> **Das Neue daran ist nicht gut, und das Gute daran ist nicht neu**
> **Erlaubt ist, was gefällt**
> **Sesam, öffne dich**
> **Wem der große Wurf gelungen**

In der ersten Reihe sitzen

Werbeslogan von ARD und ZDF

Wer würde nicht gerne in der ersten Reihe sitzen wollen?! Der Slogan von ARD und ZDF hat Karriere gemacht und ist zum geflügelten Wort geworden. Der einfache wie geniale Werbespruch impliziert Attraktivität, Aktualität und Qualität.

Zuschauer dieser Fernsehprogramme sitzen demnach in der ersten Reihe und genießen den Vorzug qualitativ hochwertiger Sendungen. Nachrichten werden seriös und kompetent aufbereitet. Eigene Berichterstatter befinden sich vor Ort und erwecken beim Zuschauer den Eindruck, live dabei zu sein.

Genau dies ist mit der „ersten Reihe" gemeint. Was aber fürs Theater gilt, muss erst recht für's Fernsehen gelten: die besten Plätze sind vorn. Laden auch Sie Ihre Kunden ein, in der ersten Reihe Platz zu nehmen!

- Geben Sie Ihren Kunden das Gefühl, privilegiert und erstklassig bedient zu werden.
- Nur das Beste darf für Ihre Kunden gut genug sein.
- Bieten Sie Ihren Kunden VIP-Service an.
- Bieten Sie Ihren Kunden nur erstklassige Ware und Dienstleistungen an.

Das Beste ist gerade gut genug

Zitat aus einem Brief von Johann Wolfgang von Goethe, geschrieben während seiner Italienreise (Neapel am 03.03.1787)

Goethe hatte während seiner Italienreise an einer Neufassung der „Iphigenie" gearbeitet. Er hatte viel Freude daran und genoss offensichtlich die nun bessere Fassung seines Stückes. Abschließend konnte er sagen: „Wenn es eine Freude ist, das Gute zu genießen, so ist es eine größere Freude das Bessere zu empfinden, und in der Kunst ist das Beste gut genug ..." Der Sinnen- und Genussmensch Johann Wolfgang von Goethe hatte schon immer große Ansprüche gestellt – an sich und an andere. Wer wollte es ihm übelnehmen, dass er seinen Werken noch den letzten Schliff verlieh?

Was in der Kunst, wo Höchstes und Bestes gefordert wird, selbstverständlich ist, muss ganz besonders auch für Produkte gelten, die auf den Markt sollen. Genügt das Produkte diesen Anforderungen nicht, so wird es nur geringen Erfolg haben. Denn auch die Konsumenten stellen hohe Ansprüche und wählen nur das Beste aus. Eine große Herausforderung für alle! Will man eine Spitzenposition für sein Produkt erreichen, so darf es keine falschen Kompromisse geben – weder bei der Herstellung noch beim Marketing. Goethe sei Dank.

- Qualitätsmanagement betreiben.
- Keine falschen Kompromisse bei der Qualitätssicherung eingehen.
- Kunden wählen immer nur das Beste aus.
- Steigende Ansprüche erfüllen.

Nicht mit Gold aufzuwiegen sein

Abgewandeltes Zitat aus der Komödie „Baccides" von Plautus

Es gibt Dinge, die sind einfach unbezahlbar und auch mit Gold nicht aufzuwiegen. Das Kapital vieler Firmen ist ein treuer Kundenstamm, das Fachwissen ihrer Mitarbeiter und der gute Ruf, den sich ein Unternehmen im Laufe der Jahre erworben hat. Markenprodukte partizipieren von diesen Werten ganz besonders. All dies ist unbezahlbar und mit Gold nicht aufzuwiegen, denn es sind immaterielle Werte, für die es keinen regulären Preis gibt.

Möglich, dass dies schon die Menschen in der Antike erkannten. Die Redensart soll auf den Komödienschreiber Plautus zurückgehen. In seiner Komödie „Baccides" heißt es: „Diesen Menschen sollte man mit Gold aufwiegen", womit die Besonderheit und Einzigartigkeit jenes Menschen ausgedrückt werden soll.

- Markenprodukte genießen beim Kunden eine besondere Wertschätzung.
- Das Image eines Unternehmens trägt zum Erfolg bei.
- Immaterielle Werte sind unbezahlbar.
- Ein treuer und zuverlässiger Kundenstamm ist durch nichts zu ersetzen.

In der Kürze liegt die Würze

Bekannte Redewendung aus dem Volksmund

Von dem österreichischen Schriftsteller Thomas Bernhard gibt es den markanten Ausspruch „Jeder Satz ein Treffer". Nicht nur von Bernhards Prosa lässt sich dies sagen, sondern auch von vielen guten Werbetexten und Werbeslogans. Aber nicht nur treffen sollen diese Sätze, sie sollen auch kurz und prägnant sein. Es ist anzunehmen, dass dieses Sprichwort von einem leidgeprüften Leser stammt. Jedenfalls von einem Menschen, der sich kurze Texte wünscht. Wir dürfen ferner annehmen, dass er der Berufsgruppe der Vielleser zuzuordnen ist. Doch auch dieses Rätsel bleibt ungelöst.

Wir wollen es jedoch bei diesen Spekulationen belassen und geben folgenden Ratschlag: Wer kurze und knackige Texte schreibt, findet immer Leser. Und Werbeslogans mit Biss bleiben sogar im Gedächtnis hängen. Was will man mehr!

- Kurze und knackige Texte kommen in der Werbung immer gut an.
- Kurze Werbeslogans prägen sich im Gedächtnis der Kunden ein.
- Auch der Schriftverkehr sollte diesem Grundsatz folgen.

Nicht kleckern, sondern klotzen

Umgangssprachliche Redewendung

Eine Redewendung, die es in sich hat! Wer sie erfand, weiß keiner so genau. Wahrscheinlich ist sie aus Volkes Munde und damit mit einer gehörigen Portion Wahrheit versehen. Machen wir uns nichts vor. Wer nur mit Kleckereien aufwartet, der wird entweder übersehen oder gar nicht ernst genommen. Wer dagegen von Anfang an klotzt und mit entsprechenden Mitteln für Aufmerksamkeit sorgt, der kommt besser an.

Handelt es sich zum Beispiel um ein neues Produkt, das auf dem Markt eingeführt werden soll, so muss alles unternommen werden, damit es auch bekannt wird. Also klotzen! Und das heißt wiederum: die Werbetrommel heftig rühren und mit Pauken und Trompeten den Erstauftritt inszenieren. Wer weder Aufwand noch Kosten scheut, hat gute Chancen, dass eine solche Aktion einschlägt.

- Wer für Aufsehen sorgt, wird eher wahrgenommen.
- Erstauftritte wirkungsvoll inszenieren.
- Werbeaktionen sollen „einschlagen".
- Mittel für besondere Werbeaktionen bereitstellen.

In Hülle und Fülle

Die Redensart stammt vemutlich aus dem 16. Jahrhundert.

„Diesen Artikel gibt es bereits in Hülle und Fülle …", bekommen Vertreter immer wieder zu hören. Gemeint ist der Überfluss an Waren auf dem Markt, der ein fast unüberschaubare Angebot zur Folge hat, aber auch die Vielfalt und Menge von Produkten, die es heute an jeder Ecke zu kaufen gibt.

Im 16. Jahrhundert hatte die Redewendung „in Hülle und Fülle" jedoch eine ganz andere Bedeutung: Es waren damit hauptsächlich „Kleidung und Nahrung" gemeint, also die notwendigsten Dinge des Lebens. Erst mit Beginn des Industriezeitalters und seiner Massenproduktion hat sich der Wohlstand auf breite Teile der Gesellschaft verteilt.

Von der Überflussgesellschaft ist nunmehr die Rede. Profane Haushaltsprodukte, damals sehr begehrt und teuer, werden heute in den vielfältigsten Variationen angeboten. Der Markt ist unübersichtlich geworden und hat auch seine negativen Seiten: Massenartikel und Billigwaren überschwemmen den Markt, verzerren damit das Preisgefüge und belasten die Umwelt. Besonders wertvolle Produkte haben es dagegen schwer, sich durchzusetzen und Käufer zu finden.

- Die Gefahr, dass ein Produkt in der Masse untergeht, ist groß.
- Kreativität und Originalität sind gefragt, wenn es darum geht, sich vom restlichen Markt abzuheben.
- Den individuellen Charakter eines Produkts hervorheben.

Wie sich die Bilder gleichen

Zitat aus dem Arienanfang der Oper „Tosca" von Giacomo Puccini

Bei der Klärung dieses Zitats müssen wir uns in die Musikwelt begeben. In der Oper „Tosca" von Giacomo Puccini wird der Maler Mario Cavaradossi, der beauftragt wurde, in einer Kirche das Bild der büßenden Maria Magdalena zu malen, dabei ertappt, wie er die schönen Gesichtszüge seiner Geliebten Floria Tosca verewigt. Jedenfalls wurde er von einem Kirchendiener auf die erstaunlichen Paralellen zu einer gewissen Dame hingewiesen, die immer in einem Seitentrakt der Kirche zu beten pflegte. Zufall oder Absicht? Wohl dürfte letzteres der Fall sein, und so beginnt die Arie des Mario Cavaradossi im 1. Akt mit diesen Worten.

Das Zitat wird immer dann verwendet, wenn Paralellen und Ähnlichkeiten auftreten. Oft wird recht süffisant und mit einem leichten ironischen Ton auf solche Ähnlichkeiten hingewiesen. Auch in der Werbung gibt es zwischen den Produkten häufig Ähnlichkeiten. Ob gewollt oder ungewollt, weiß keiner so genau.

- Auf die Unterschiede und Vorzüge der jeweiligen Produkte verweisen.
- Deutlich machen, dass nur dieses Produkt echt und unverwechselbar ist.
- Deutlich machen, dass es keine Alternative zum Original gibt.
- Ein unverwechselbares Markenprofil entwickeln.

Gut gebrüllt, Löwe!

Zitat aus der Komödie
„Ein Sommernachtstraum"
von William Shakespeare

Manchmal hilft lautstarkes Brüllen. Besonders dann, wenn man sich Gehör verschaffen will. Die eigene Stimme zu Gehör zu bringen, ihr einen originellen, ureigenen Klang zu geben, das wünschen sich viele Werbeagenturen für ihre Arbeit. Doch diese Stimme muss erst gefunden und entwickelt werden. Knochenarbeit für Werbestrategen!

Als Thisbe vom Brüllen eines Löwen erschreckt zusammenfährt, kommentiert dies Demetrius mit den nicht gerade höflichen, aber zutreffenden Worten: „Well roared, lion!" Was will der Dichter damit zum Ausdruck bringen? Wenn etwas zutreffend formuliert, bemerkt oder kommentiert wird, hat es die Wirkung eines brüllenden Löwen. Na, denn ...!

- Lautstarke Töne verhelfen manchmal zu mehr Aufmerksamkeit.
- Sich abheben von den Stimmen der anderen.
- Pointiert formulieren und kommentieren.
- Schlagfertig argumentieren.
- In der Werbelandschaft eine eigene und unverwechselbare Stimme entwickeln.

Und läuft und läuft und läuft ...

Werbeslogan des Volkswagenwerks

Ein Spruch wie aus alten Zeiten, könnte man meinen, denn schließlich gibt es den Käfer, für den dieser Slogan entwickelt wurde, nicht mehr. Trotzdem, der Werbeslogan des Volkswagenherstellers konnte damals nicht treffender sein. Ein Produkt, das sozusagen von alleine läuft, braucht keine große Werbemaschinerie. Das Erfolgsprodukt des „Käfer" ist kein singuläres Ereignis. Es gibt viele solcher Produkte, die der Markt problemlos aufnimmt, die also laufen und laufen und laufen ... und so zum Selbstläufer werden.

Dennoch kann auch hier irgendwann Stillstand eintreten, die Nachfrage stagnieren, der Umsatz nach unten gehen. Vorbeugende Maßnahmen wie Imagepflege, eine gute Pressearbeit und Marketingsaktionen können zu einer Wiederbelebung und zu neuen Nachfrageschüben führen. Es führt kein Weg daran vorbei, auch bei laufendem Absatz vorauszudenken.

- Langfristige Marketingkonzepte entwerfen.
- Das Produkt immer wieder ins Gespräch bringen.
- Selbstläufer laufen nicht endlos, deshalb immer für Nachfrageschübe sorgen.

Es bleibt immer etwas hängen

Bei Francis Bacon findet sich diese Redensart zuerst; ihren Ursprung könnte sie aber auch in den Schriften des griechischen Schriftstellers und Philosophen Plutarch haben.

Die Herkunft dieses Zitats lässt sich nicht eindeutig bestimmen. Bei Plutarch heißt es: „Audacter calumniare semper aliquid haeret" – „Verleumde nur dreist, etwas bleibt immer hängen". Ganz ähnlich ist es auch beim englischen Staatsmann Francis Bacon zu finden.

Der Inhalt ist jedem sonnenklar. Einmal den Ruf verloren – immer verloren. Markenprodukte und Firmenimages müssen darum gepflegt und von Zeit zu Zeit aufpoliert werden. Manchmal reicht schon die kleinste Nachlässigkeit aus, um ein Unternehmen oder ein Produkt in Misskredit zu bringen. Unter Umständen braucht es viele Jahre, um das Vertrauen der Kunden wiederzugewinnen. Außerdem kann der Vertrauensverlust viel Geld kosten, weil möglicherweise Bestellungen und Aufträge ausbleiben. Wenn erst einmal das Firmenimage ramponiert ist, hilft auch dies beste Werbekampagne nichts mehr.

- Markenprodukte und Firmenimages pflegen.
- Wirksame Öffentlichkeitsarbeit betreiben.
- Für eine gute Presse sorgen.
- Negativschlagzeilen vermeiden.

Wie es euch gefällt

Titel der Komödie von William Shakespeare „As You Like It"

Lassen Sie doch Ihre Kunden entscheiden, welchen Stil, welche Qualität und welche Preislage sie bevorzugen. Hauptsache, das Angebot stimmt. In der Vielfalt und in der Attraktivität liegt oft der Gewinn für den Kunden. Ganz nach dem Motto: Wähle aus, was dir gefällt.

Man darf William Shakespeare nicht unterschätzen, wenn es um Marketing geht. Er starb schließlich als wohlhabender und geachteter Bürger, der sich und seine Theaterproduktionen gut verkaufte. Hätte er ahnen können, wie oft der Originaltitel seines Stückes „As You Like It" auch heute noch für die verschiedensten Zwecke verwendet wird, hätte er diesen vermarkten und schützen lassen. Doch ihm ging es wie anderen Dichtern auch, der Ruhm folgte erst nach seinem Tod. Und so ist der Titel seiner Komödie, der nichts weiter besagt, als dass sich jeder aussuchen kann, was er mag, eine populäre Redewendung geworden.

- In Vielfalt und Attraktivität liegt oft der Gewinn für den Kunden.
- Dem Kunden Entscheidungsfreiheit lassen.
- Alternativen aufzeigen.
- Die Wünsche der Kunden respektieren.

Nach allen Regeln der Kunst

Möglicherweise eine Redewendung des Preußenkönigs Friedrich II.

Nach allen Regeln der Kunst beeindrucken, begeistern, überzeugen ... das wollen schließlich alle, die etwas verkaufen möchten. Um es seriöser auszudrücken: Zu begeistern ist die eigentliche Kunst der Werbung. Denn nur wer von einem Produkt begeistert ist, wird es auch kaufen. Daher darf und soll mit allen Regeln der Kunst geworben werden.

Der Ausdruck stammt aus einer Zeit, als man von Werbung noch nicht viel verstand und eher mit der Keule zu überzeugen versuchte. Unter Preußenkönig Friedrich II. soll die Redensart am Vorabend einer großen Schlacht gefallen sein. Sicher ist das zwar nicht belegt, aber es würde gut zur Kriegskunst der damaligen Zeit passen.

Nun haben sich aber die Zeiten und damit auch die Umgangsformen geändert. Wer nicht auf die Bedürfnisse der Kunden eingeht, wer es nicht versteht, Wünsche zu wecken, der wird am Ende die falsche Strategie ergreifen und am Markt vorbei produzieren. Eine gründliche Marktanalyse hilft, die richtigen Konzepte zu finden.

- Kunden beeindrucken, begeistern, überzeugen.
- Auf Kundenwünsche eingehen.
- Erfolgreiche Verkaufsmethoden anwenden.
- Die richtige Marketingstrategie ergreifen.

Schnee von gestern

In Anlehnung an eine Formulierung aus der „Ballade des dames du temps jadis" („Ballade von den Damen vergangener Zeiten") des französischen Renaissancedichters François Villon: „Mais où sont les neiges d'antan?"

Die vergängliche Schönheit berühmter Frauen war wohl das Motiv für die Zeile „Mais où sont les neiges d'antan?" – „Aber wo ist der Schnee vom letzten Jahr?" in der Ballade des französischen Dichters François Villon. Villon, gewiss kein Frauenverächter, hat mit dieser Anspielung jedoch auf mehr hindeuten wollen. Nicht nur die Schönheit der Frauen ist vergänglich – so sehr dies zu bedauern ist – es betrifft alle irdischen Dinge.

Stile, Produkte, Märkte und Marken unterliegen häufig dem Zeitgeist, und der weht den Unternehmen bisweilen heftig um die Ohren. Was gestern noch als schick und trendy galt, ist heute schon wieder „Schnee von gestern". Dieses Bild macht deutlich, wie schnell und wie kurzlebig Moden und Trends oft sind. Werbefachleute können ein Lied davon singen. Der Zeitgeist ist bei den Werbeagenturen deshalb treuester Partner. Und wer ihn vernachlässigt, der darf sich nicht wundern, wenn die schönen Bilder der Werbung bald wieder Schnee von gestern sind.

- Dem Zeitgeist nachspüren.
- Konzepte und Werbestrategien auf Aktualität überprüfen.
- Trends aufnehmen und umsetzen.
- Am Ball bleiben.

Das Gras wachsen hören

Vermutlich eine Redewendung aus einem alten skaldischen Lehrbuch („jüngere Edda") aus dem frühen 13. Jahrhundert, übertragen von Karl Simrock.

Toll, wenn jemand schon beim kleinsten Anzeichen ein gutes Geschäft wittert oder einen neuen Trend erkennt. Branchenkenner sind deshalb besonders wachsam und hellhörig. Sie hören meist viel früher als alle anderen das Gras wachsen. Wer der Erste ist und diese Kenntnis umsetzt, hat die Nase vorn und das Geschäft gemacht. Doch so einfach ist es nicht immer. Echte Spürnasen sind selten. Es braucht dazu Talent und viel Erfahrung, die wächst mit den Berufsjahren.

In einem alten skaldischen Lehrbuch aus dem frühen 13. Jahrhundert wird von Odins Sohn Heimdall (einem der zwölf göttlichen Asen und Wächter der Götter) berichtet: „Er bedarf weniger Schlaf als ein Vogel und sieht sowohl bei Nacht als bei Tag hundert Rasten weit; er hört auch das Gras in der Erde und die Wolle auf den Schafen wachsen, mithin auch alles, was einen stärkeren Laut giebt."

Beneidenswert, denn solche Naturtalente kommen nicht häufig vor. Doch es gibt Möglichkeiten Auge und Ohr zu schulen, die Sinneswahrnehmung zu schärfen und Intuition zu entwickeln. Kreativseminare und Workshops der vielfältigsten Art tragen dazu bei.

- Rechtzeitig neue Trends aufspüren.
- Augen und Ohren schulen.
- Die Sinneswahrnehmungen schärfen.
- Der Intuition vertrauen.
- Kreativseminare und Workshops besuchen.

Weniger wäre mehr gewesen

Das Zitat geht auf Christoph Martin Wieland zurück.

Im Trauerspiel „Emilia Galotti" von Gotthold Ephraim Lessing regt sich der Prinz von Guastalla über die geschönten Gesichtszüge der Gräfin Orisna, wie sie in einem Bild zu sehen sind, auf, die so gar nicht ihrem Charakter entsprechen. Kein schönes Kompliment für die Gräfin. Und auch der Maler Conti, der die Gräfin im Bild verewigte, fühlt sich durch diese Bemerkung nicht gerade geschmeichelt. Wollte er etwa mehr aus seinem Modell herausholen? „Alles, was die Kunst aus den großen, hervorragenden, stieren, starren Medusenaugen der Gräfin Gutes machen kann, das haben Sie, Conti, redlich daraus gemacht. – Redlich, sag ich? – Nicht so redlich, wäre redlicher.

Auch Christoph Martin Wieland hat es so gesehen und in der literarischen Zeitschrift „Der Teutsche Merkur" (als Neujahrsglückwunsch des Jahres 1774) Bezug auf das Stück genommen. „Und minder ist oft mehr, wie Lessings Prinz uns lehrt", schreibt Wieland. Daraus wurde schon bald die uns bekannte Formulierung.

Ein Lehrstück, so könnte man meinen, für das es auch heute noch viele Beispiele gibt. Nicht immer gelingt es den Werbefachleuten, ein Produkt adäquat zu vermarkten. Produkte werden vielfach übertrieben dargestellt, marktschreierisch angeboten oder aufwändig in Szene gesetzt. Das Resultat ist nicht selten dürftig und entspricht keineswegs dem Aufwand an Material, Geld und Zeit, die man in die Vermarktung steckte. Unwillkürlich stellt sich die Frage: Wäre weniger nicht mehr gewesen? Doch da ist die Werbekampagne meist auch schon zu Ende.

- Von übertriebenen und kostspieligen Werbeaktionen absehen.
- Produkte sollten weder geschönt noch übertrieben dargestellt werden.
- Den Aufwand im Verhältnis zum Nutzen setzen.
- Kleine und gezielte Werbekampagnen sind oft effizienter.

Auf die Barrikaden gehen

Das Wort „Barrikade" (frz. „barricade") kommt aus der französischen Revolutionszeit und wurde in Deutschland erst ab 1848 bekannt. Seitdem wird es in Verbindung mit diesem Ausspruch benutzt.

Wie anders könnte es sein, entstammt das Wort „Barrikade" dem Französischen und ist dort (so wird spekuliert) in der Revolutionszeit des späten 18. Jahrhunderts entstanden. Zu uns kam das Wort mit einiger Verspätung herüber, denn es wurde erst nach 1848 gebräuchlich. Seitdem wird das Zitat gerne als Ausdruck für Widerstand und Protest benutzt. Wenn der Ärger in Empörung übergeht, die Bitterkeit in Zorn umschlägt und die Ungeduld wächst, dann ist es Zeit, „auf die Barrikaden zu gehen", so der Volksmund.

Zum Glück geschieht dies heute meist verbal und ohne Schießpulver. Dennoch werden die Säbel auf beiden Seiten gezückt und der Gegner ins Visier genommen. Wer wagt den ersten Schritt? Wer eröffnet zuerst das Feuer? Sie oder Ihr Chef? Anlässe zu Auseinandersetzungen gibt es immer wieder – und sei es nur die Forderung nach mehr Gehalt. Wer schroff zurückgewiesen und ohne Begründung vor die Tür gesetzt wird, in dem steigen die Emotionen hoch. Eine explosive Atmosphäre entsteht, in der nur noch der Funke überzuspringen braucht, um einen Sturm der Entrüstung auszulösen. Doch halt! Wäre es nicht besser, taktisch und diplomatisch vorzugehen? Kalkül statt Schießpulver! Stuhl und Tisch statt Barrikade! Unter zivilisierten Menschen sollte eine Einigung möglich sein und die wird nur erreicht, wenn beide Parteien aufeinander zugehen. Deshalb die Losung: Weg mit den Barrikaden! Es lebe der Dialog!

- Auf Dialog setzen.
- Aufeinander zugehen.
- Gemeinsam Hindernisse (Barrikaden) aus dem Weg räumen.
- Taktisch und diplomatisch vorgehen.

Der letzte Schrei

Übersetzung des französischen „le dernier cri"

Der letzte Schrei ist gewiss nicht mehr der Minirock oder die pinkfarbene Krawatte. Beide haben ausgedient und hängen vielleicht in irgendeinem Modemuseum oder mottengefährdeten Kleiderschrank. Nein, von Tarzan ist hier nicht die Rede. Es soll nur darauf hingewiesen werden, dass im Dschungel der Mode alles erlaubt ist. Nichts ist mehr unmöglich.

Je origineller und schriller eine Kollektion, ein Schuh oder eine Handtasche ist, umso größer ist der „Schrei" von Publikum und Branchenkennern. Der Ausdruck „letzter Schrei" ist deshalb eine Erfindung der Modebranche, denn sie versteht es meisterhaft, Trends zu setzen und Moden zu kreieren. Aus dem französischen „le dernier cri" kommend, hat sich dieser Ausdruck bei uns bestens etabliert.

- Die Branche setzt Trends und kreiert Moden.
- Je origineller und extravaganter eine Kollektion ist, umso mehr Aufmerksamkeit findet sie beim Publikum.

Man muss die Feste feiern, wie sie fallen

Zitat aus der Posse „Graupenmüller" von Hermann von Salingré

... stimmt! Und Gelegenheiten dazu gibt es immer wieder: Neueröffnungen, Saisonabschlüsse, Firmenjubiläen, Geburtstage und Weihnachtsfeiern, um nur einige Beispiele zu nennen. Gibt es gerade mal keinen Grund, so hat sich ein solcher schnell gefunden. Zu einem Fest gehören aber auch Gäste, Kunden und Geschäftspartner. Der Aufwand für ein Fest muss nicht groß sein, was zählt ist die Geste, die freundliche Einladung, das Zusammensein, der vertraute Kreis. Und es muss auch nicht immer Hummer aufgetischt werden, damit das Fest gelingt. Ein Gläschen Sekt, ein paar leckere Häppchen und ein Schuss guter Laune genügen. So lernt man nebenbei neue Menschen kennen, es entwickeln sich interessante Gespräche und man kommt ins Geschäft.

Im Berlin des 19. Jahrhunderts feierte man gerne und zu jeder Zeit. Der Schriftsteller Hermann von Salingré war es denn auch, der diesen Ausspruch prägte. Prost!

- Feste-Feiern verbindet und bringt wichtige Personen zueinander.
- Alte und neue Kunden schätzen diese Abwechslung.
- So bleibt man im Gespräch und wird zum Lieblingskind der Branche.
- Feste dienen auch dazu, Geschäftsbeziehungen zu pflegen.

Das Neue daran ist nicht gut, und das Gute daran ist nicht neu

Zitat in Anlehnung an Johann Heinrich Voß („Musenalmanach" aus dem Jahr 1792) und Gotthold Ephraim Lessing („Briefe, die neueste Literatur betreffend").

In seinem Musenalmanach aus dem Jahre 1792 heißt es bei Johann Heinrich Voß:

> Dein redseliges Buch lehrt mancherlei Neues und Wahres,
> Wäre das Wahre nur neu, wäre das Neue nur wahr!

Diese Stelle bezieht sich auf Lessings „Briefe, die neueste Literatur betreffend." Darin heißt es: „Wenn er erlaubt ist, allen Worten einen andern Verstand zu geben, als sie in der üblichen Sprache der Weltweisen haben, so kann man leicht etwas Neues vorbringen. Nur muss man mir auch erlauben, dieses Neue nicht immer für wahr zu halten." Inzwischen hat jene Stellungnahme im Laufe der Zeit einige Wandlungen erfahren. So richtig bekannt wurde sie erst in der jetzigen Fassung.

Aber was heißt dies sinngemäß für uns? Ist also Altbekanntes und Vertrautes vorzuziehen? Nicht immer. Doch gibt es Trends und Moden, die zeitlos sind und sich der aktuellen Kritik entziehen. Wer solche Produkte und Marken vertreibt, spricht ein bestimmtes Klientel an – und das ist für Neuerungen und flippige Trends in der Regel nicht zu haben. Umgekehrt können neue Produkte auch eine neue Nachfrage wecken. Der Spagat ist nicht leicht und es bedarf vielleicht einer genauen Marktanalyse, um festzustellen, ob das neue Produkt für den Markt geeignet ist.

- Nicht alles Neue wird vom Markt goutiert.
- Es gibt Trends und Moden, die zeitlos sind.
- Neue Produkte können auch eine neue Nachfrage wecken.
- Durch eine Marktanalyse kann herausgefunden werden, für welches Produkt der Markt aufnahmefähig ist.

Erlaubt ist, was gefällt

Zitat aus dem Schauspiel „Torquato Tasso" von Johann Wolfgang von Goethe

Wir müssen bei Goethe anfangen, wenn wir den Sinn des Zitats begreifen wollen. In dem Schauspiel „Torquato Tasso" hören wir zum erstenmal die Worte. Doch es gibt auch ein abgewandeltes, nicht weniger aussagekräftiges Zitat, das sozusagen als Ergänzung dienen könnte: „Erlaubt ist, was sich ziemt". Wir haben es also mit zwei gegensätzliche Polen zu tun.

Wie ist das zu erklären? Tasso schwärmt gegenüber der Prinzessin Leonore von Este von den goldenen Zeiten, in denen Mensch und Tier in einem paradiesischen Urzustand lebten. Selbst die Tiere fühlten sich wie im Paradies, frei und ungebunden. Kühn und voller Übermut gaben sie folgende Parole aus: „Erlaubt ist, was gefällt." Das ist der Prinzessin aber dann doch zu viel und sie versucht Tasso wieder auf den Boden der Realität zurückzuholen, indem sie mit den Worten „Erlaubt ist, was sich ziemt" pariert. Doch damit nicht genug. Sie hat für den lernfähigen Tasso auch noch folgenden Ratschlag parat:

> Willst du genau erfahren, was sich ziemt,
> so frage nur bei edlen Frauen an.

Es ist nun klar, warum: Frauen scheinen doch das bessere Gespür, die tiefere Intuition und den besseren Geschmack zu haben. Sie wissen, was zu tun oder tunlichst zu unterlassen ist. Aber nicht immer nimmt der Zeitgeist Ratschläge von edlen Frauen an. Deshalb gilt weiterhin die Devise: „Erlaubt ist, was gefällt."

- Trotz Zeitgeist, Mode und Trend: „Erlaubt ist, was gefällt."
- Dieser Satz gilt noch immer.

Sesam, öffne Dich!

Zitat aus dem Märchen „Ali Baba und die vierzig Räuber" aus der Sammlung „Tausendundeine Nacht"

Es müssten sich wie durch ein Zauberwort alle Türen zum Kunden öffnen. Egal, ob das Zauberwort ein Werbeslogan oder Werbespot wäre. Hauptsache, die Türen gingen auf! Alles nur märchenhafte Träume? Doch wer nicht zu träumen wagt, der hat keine Visionen, und wer keine Visionen hat, der hat auch keine Zukunft. Es gibt kein „Zauberwort" für alle Märkte und Produkte. Kunden sind unterschiedlich in ihren Ansprüchen und Wünschen. Und so verschieden die Kundenwünsche sind, so verschieden müssen auch die „Zauberworte" lauten, die sich als Türöffner erweisen.

Vielleicht können wir aus jenem orientalischen Märchen etwas darüber erfahren, das den Titel „Ali Baba und die vierzig Räuber" trägt. Es stammt aus der Märchensammlung „Tausendundeine Nacht" und könnte durchaus zur Gute-Nacht-Lektüre für Werbemenschen werden. Im Mittelpunkt steht eine Höhle, die prallvoll gefüllt ist mit Gold und Schätzen. Vor der Höhle gelingt es Ali Baba, die Räuber, die diese Höhle mit den Reichtümern angefüllt haben, zu belauschen. Dabei vernimmt er den Zauberspruch „Sesam, öffne dich". Damit gelingt es ihm, in die Höhle einzudringen und sich die Schätze anzueignen.

Der Spruch will uns sagen, dass Probleme und Hindernisse, versperrte Wege und Türen geöffnet werden können, wenn man nur das richtige Zauberwort weiß.

- Nach einer neuen und treffenden Kundenansprache suchen.
- Neue Gestaltungsmöglichkeiten in der Werbung ausprobieren.

Wem der große Wurf gelungen

Zitat aus dem Gedicht „An die Freude" von Friedrich Schiller

Wem der große Wurf gelungen.
Eines Freundes Freund zu sein.
Wer ein holdes Weib errungen,
Mische seinen Jubel ein!

... heißt es in Schillers Gedicht „An die Freude." Das Zitat ist nicht nur eine Hymne auf Freundschaft, Liebe und Freude, es kann auch Ausdruck von etwas besonders Gelungenem oder Geglücktem sein.

Eine erfolgreiche Werbekampagne, eine attraktive Modekollektion oder eine gelungene Präsentation – es sind immer die großen Würfe über die gesprochen wird. Die großen (Ent-)Würfe fallen jedoch nicht vom Himmel, sie werden meist hart erarbeitet. Kreativität und Einfallsreichtum sind gefragt. Immer wieder muss etwas verworfen, verbessert oder neu gestaltet werden. Zum Teil sind monatelange Vorarbeiten nötig, bis ein Produkt oder ein Konzept auf den Markt kommt. Designer, Modeschöpfer, Architekten, Künstler, sie alle gehören zum Kreis der Kreativen, von denen man große Würfe erwartet. Die Suche nach dem großen Wurf ist wie ein Glücksspiel. Oft entscheidet der Zufall, die zündende Idee oder der „geniale Einfall" darüber. Mit seiner Ode „An die Freude", die zur Hymne der Europäischen Union avancierte, ist Schiller jedenfalls der große Wurf gelungen.

- Große (Ent-)Würfe fallen nicht vom Himmel.
- Kreativität und Einfallsreichtum sind nötig, damit der große Wurf gelingt.
- Harte Arbeit und lange Vorarbeiten sind oft notwendig, bevor ein Produkt oder ein Konzept auf den Markt kommt.
- Der Kreis der Kreativen ist groß, sie alle suchen nach einer zündenden Idee, dem glücklichen Zufall oder dem genialen Einfall.

Wirtschaft:
Realität + Visionen

Die Wirtschaft umfasst zunehmend unser Leben und bestimmt in weiten Teilen das Tagesgespräch. Unzählige Zeitungen, Magazine und Nachrichtensendungen berichten über das weltweite Wirtschaftsgeschehen. Routinemäßig verkünden die Wirtschaftsweisen aktuelle Zahlen, geben Prognosen bekannt und beeinflussen damit unser Wirtschaftsklima. Unterlegt wird das Ganze mit Fakten und Interviews kompetenter Gesprächspartner. Wer kann da noch durchblicken? Um ein wenig Licht ins Dunkel zu bringen, haben wir eine kleine Auswahl von Sprichwörtern getroffen, die für Aufhellung sorgen.

Silberstreifen am Horizont

Nur wer im Wohlstand lebt, lebt angenehm

Wissen ist Macht

Eine Schwalbe macht noch keinen Sommer

Jede Arbeit ist ihres Lohnes wert

Nun muss sich alles, alles wenden

Der Starke ist am mächtigsten allein

Irrungen, Wirrungen

Der Weisheit letzter Schluss

Business as usual

Silberstreifen am Horizont

Ausspruch des Reichskanzlers Gustav Stresemann

Die neuesten Wirtschaftdaten kündigen es an, die Prognosen lassen hoffen und die Kaufkraft nimmt zu. Der ersehnte „Silberstreifen am Horizont" ist da.

Dieser Ausdruck wird gerne in der Wirtschaft benutzt, wenn nach einer Phase der Stagnation und Depression endlich wieder Wachstum und Belebung in Sicht sind. Der alte Reichskanzler Gustav Stresemann führte dieses Zitat ein.

Heute gibt es den globalen Markt und die (fast) totale Vernetzung vieler Bereiche in Handel, Wissenschaft, Kultur und Politik. Politische Entscheidungen hierzulande haben auch Auswirkungen auf andere Länder, andererseits können wirtschaftliche und politische Erschütterungen in anderen Erdteilungen Einfluss auf die heimische Wirtschaft haben. Die Börse ist ebenfalls vor diesen Erschütterungen nicht gefeit und reagiert sofort. Was als kleiner Schnupfen beginnt, kann sich zu einer Grippe ausweiten. Ähnlich verhält es sich mit der Wirtschaft, und da tut es ganz gut, wenn von einem Silberstreifen am Horizont die Rede ist.

- Wenn positive Wirtschaftsdaten vermeldet werden.
- Wenn das allgemeine Wirtschaftsklima zunehmend von positiven Faktoren bestimmt wird.
- Wenn die globalen und heimischen Märkte an Fahrt gewinnen.
- Wenn es deutlich und unverkennbar nach oben geht.

Nur wer im Wohlstand lebt, lebt angenehm!

Zitat aus der „Ballade vom angenehmen Leben" aus der „Dreigroschenoper" von Bertolt Brecht

Wenn eine Volkswirtschaft brummt, geht es auch der Bevölkerung gut. Die Binnennachfrage steigt, der Konsum wird angekurbelt und die Wirtschaft läuft auf Hochtouren. Der Wohlstand verteilt sich auf die breite Masse. In einigen Ländern, in denen Unzufriedenheit und Depression die Wirtschaftslage kennzeichnen, ist das Leben alles andere als angenehm. Die These vom Glück für alle scheint zwar überholt, doch sollte ein Mindestmaß an Wohlstand für alle Bürger angestrebt werden. Denn nur wer angenehm lebt, der revoltiert auch nicht.

Bertolt Brecht's Refrain aus der „Ballade vom angenehmen Leben" aus der „Dreigroschenoper" macht aber auch deutlich, dass man zum angenehmen Leben Geld benötigt. Das aber hat nicht jeder in ausreichender Menge zur Verfügung. Auch will der gerechte Lohn erarbeitet werden. Anstrengung und Leistung sind die Vorbedingungen des Wohlstands, denn nichts gibt es zum Nulltarif. Wir können also feststellen: Ohne Anstrengung und ohne Leistungsbereitschaft kein Wohlstand.

- Ein Mindestmaß an Wohlstand schafft sozialen Frieden.
- Wohlstand ist nicht zum Nulltarif zu haben.
- Ohne Anstrengung und Leistungsbereitschaft kein Wohlstand.

Wissen ist Macht

Zitat des englischen Philosophen Francis Bacon

Ein Schlagwort, wie es treffender nicht sein könnte. Für den englischen Philosophen Francis Bacon zählen Fakten, Basiswissen und Erfahrungen mehr als Experimente, Spekulationen und Theorien. So kam er schließlich zu der Überzeugung, dass man mit Wissen nicht nur einen Vorsprung, sondern auch Macht hat. Bacon wurde zum Wegbereiter der Naturwissenschaft. Seitdem stehen die modernen Industriegesellschaften - jetzt Wissensgesellschaften - im Wettbewerb um Ideen, Konzepte und neue Produkte. Der Markt ist riesengroß geworden. Und nur wer über einen Vorsprung verfügt, kann Märkte gewinnen, seine Macht ausbauen und Marktführer werden.

- Die modernen Wissensgesellschaften stehen im Wettbewerb zueinander.
- Forschung und Innovation haben in den Wissensgesellschaften einen hohen Wert.
- Wer über spezielles Wissen verfügt und auf neue Ideen zurückgreifen kann, der hat einen Vorsprung.

Eine Schwalbe macht noch keinen Sommer

Vermutlich ein Zitat des griechischen Fabeldichters Äsop

Wer glaubt, dieses Sprichwort sei jüngeren Datums, der irrt. Zwar finden wir jenes Zitat auch im Englischen („One swallow does not make a summer") oder Französischen („Une hirondelle net fait pas le printemps"), müssen aber weit zurück in die Vergangenheit gehen, um auf den Urheber zu stoßen. Die Vermutung liegt nahe, dass der griechische Fabeldichter Äsop als Autor genannt werden muss. Er erzählt von einem Jüngling, der im Frühjahr eine erste Schwalbe sieht und meint, der Winter sei nun zu Ende, und daraufhin leichtfertig seinen Mantel verkauft. Als er aber wenig später jene Schwalbe erfroren am Boden liegen sieht, fühlt er sich betrogen.

Was können wir aus dieser Fabel lernen? Nun, wer wollte sich nicht auf den Frühling freuen und beim ersten Anzeichen Mantel und Pullover wegwerfen? Die Vorsichtigen unter uns warten erst einmal ab. Sie wissen, die ersten Anzeichen können trügen und es kann schnell zu einem erneuten Wintereinbruch kommen. Man muss kein Meteorologe sein, um solche Vorhersagen zu treffen. Alles schon da gewesen, könnten jene sagen, die lieber noch Mantel und Pullover griffbereit halten. Wer also zu den Leichtgläubigen gehört und beim ersten Anzeichen eine grundsätzliche Wende erhofft, der darf sich nicht wundern, wenn das Gegenteil eintritt und die positive Stimmung kippt.

Ähnliche Prozesse laufen auch in der Wirtschaft ab. Hier werden Stimmungsumschwünge, positive Anzeichen und hoffnungsvolle Einzelfälle genau registriert und in Prognosen umgewandelt. Oft zu früh und unzureichend untersucht, werden diese Prognosen nicht selten von der Realität wieder eingeholt und schließlich zurückgenommen.

- Vorschnelle und übereilte Prognosen werden von der Realität oft eingeholt.

Jede Arbeit ist ihres Lohnes wert

Nach Lukas 10,7 und Matthäus 10,10, Neues Testament

... doch nicht in allen Teilen der Welt wird nach diesem Grundsatz verfahren. Oft genug reicht der Lohn noch nicht einmal zum Leben. Das schadet nicht nur den Betroffenen, sondern auch der Wirtschaft. Abgesehen von der schwindenden Kaufkraft in der Bevölkerung verzerren ungleiche Arbeits- und Entlohnungsverhältnisse den Wettbewerb. So nimmt es nicht Wunder, dass Unternehmen in billigere Lohnländern ausweichen, um ihre Stückkosten zu reduzieren. Das ist zwar ganz legitim und entspricht den Regeln eines freien Wettbewerbs, ist aber für den Binnenmarkt und die Konjunktur eines Landes schädlich. Es entstehen dadurch vielfältige Probleme, die von Politik und Wirtschaft gelöst werden müssen.

Jene Redensart, von der hier gesprochen wird, bezieht sich auf Stellen im Neuen Testament bei Lukas 10,7 „... denn der Arbeiter ist seines Lohnes wert" und bei Matthäus 10,10 „Denn der Arbeiter ist seiner Speise wert".

Den gerechten Lohn auszumachen ist auch Verhandlungssache zwischen Arbeitgeber- und Arbeitnehmerverbänden.

- Billiglohnländer verzerren den Wettbewerb, denn es kann dort preiswerter produziert werden.
- Gerechter Lohn ist eine legitime Forderung.
- Jede Arbeit sollte gerecht bezahlt werden.
- Um den gerechten Lohn muss verhandelt werden.

Nun muss sich alles, alles wenden

Zitat aus dem Gedicht „Frühlingsglauben" von Ludwig Uhland

„Ach, welch ein Glaube, welch ein Glück", so müsste hinzugefügt werden. Allein, der Glaube reicht nicht aus und auch dem Glück sollte man nicht ganz vertrauen. Es müssen schon stärkere Impulse und Signale aus der Wirtschaft kommen, die die Hoffnung auf eine Wende rechtfertigen. Doch die Daten gehen meist in die andere Richtung und so ist Zweckoptimismus wohl eher angebracht. Dennoch will uns diese Redensart positiv stimmen und den Glauben an eine Wende stärken.

Ludwig Uhland, der Dichter schöner Jahreszeitgedichte, hat diese Zeile geschrieben. Wir finden sie in dem Gedicht „Frühlingsglauben" aus dem Jahre 1812 wieder. Der Dichter als Prophet?! Warum nicht? Es würde sonst alles beim Alten bleiben, alles nähme unverändert seinen Lauf und der Winter hätte wohl nie ein Ende, wäre da nicht einer, der Besseres zu verkünden hätte. Eine verbesserte Stimmung macht zwar noch keinen Klimawechsel aus, aber es lässt sich mit dieser Aussicht besser und lustvoller leben.

Genau diese Wechselwirkung zwischen Stimmung in der Bevölkerung und ökonomischer Lage beeinträchtigt auch das Wirtschaftsleben. Wer nur zurück und nicht nach vorne blickt, der verstellt sich die Perspektiven und wird langfristig handlungsunfähig. Das aber wäre schädlich für die Wirtschaft. Dass sich einiges ändern muss (Politiker hört die Signale!), ist klar. Aber man darf auch nicht zu viel auf einmal erwarten. Eine kleine Wende ist daher besser als gar keine.

- Impulse und Signale aus der Wirtschaft richtig deuten.
- Ein verbessertes Wirtschaftsklima trägt auch zu einer besseren Stimmung in der Bevölkerung bei.
- Die Perspektiven auf die Zukunft richten.
- Tragfähige Konzepte entwickeln (hier sind auch Politiker gefragt).

Der Starke ist am mächtigsten allein

Zitat aus dem Stück „Wilhelm Tell" von Friedrich Schiller

Wilhelm Tell, erster Aufzug, dritte Szene. Sowohl Tell als auch Stauffacher wollen dem Fronvogt Widerstand leisten. Stauffacher meint, „Wir könnten viel, wenn wir zusammenstünden." Doch Tell gibt sich als Einzelkämpfer siegessicher. Er geht sogar noch einen Schritt weiter und fügt hinzu, dass ihm ein gemeinsames Vorgehen nur hinderlich sei, und schließt: „Der Starke ist am mächtigsten allein".

Es soll inzwischen Nachahmer und Einzelkämpfer geben, die diesen Grundsatz befolgen. Doch wie sieht es mit den Großkonzernen aus? Brauchen nicht auch sie Verbündete? Konzerne als mächtige Organisationen haben es da etwas einfacher, sie verfügen über das entsprechende Kow-how, haben die entsprechenden finanziellen Mittel und können Verluste und Risiken besser ausgleichen. Ihre Stärke ist ein entscheidender Vorteil, deshalb können sie auch als Einzelkämpfer bestehen und sicher agieren.

- Großkonzerne können Verluste und Risiken besser ausgleichen.
- Multinationale Konzerne umspannen den ganzen Erdball.
- In den Netzen der Großkonzerne bleiben häufig auch die „Kleinen" hängen.

Irrungen, Wirrungen

Titel eines Romans von Theodor Fontane

Nicht immer sind Wirtschaftsabläufe klar zu durchschauen. Oft fehlt dem Laien der Durchblick, aber auch ausgewiesenen Wirtschaftsfachleuten fällt manchmal eine plausible Erklärung der Vorgänge schwer.

Verständlicher sind dagegen die Handlungsstränge um ein ungleiches Paar im Roman „Irrungen, Wirrungen" von Theodor Fontane. Baron Botho von Rienäcker, ein Adliger, und Lene Nimptsch, ein bürgerliches Mädchen, können nicht zueinander kommen, weil Standesunterschiede im Wege stehen. Im 19. Jahrhundert war die Toleranz eben nicht sehr groß und so mussten beide auf ihr Glück verzichten. Irrungen und Wirrungen sind die Folge: Er geht aus Geldgründen eine „Vernunftehe" ein und und sie heiratet – ihrer sozialen Stellung gemäß – einen Fabrikmeister. Doch Botho hängt noch immer an Lene und bald kommen ihm Zweifel an seiner Ehe ...

Auch im Wirtschaftsleben ist es nicht immer einfach! Da häufen sich zuweilen widersprüchliche Meldungen: Fusionen werden angekündigt, Betriebe geschlossen, Unternehmen umstrukturiert, Teilbereiche ausgelagert. Daneben gedeihen Gerüchte und wilde Spekulationen, ob nicht doch noch mehr passiert. Die Nachrichten überschlagen sich, die Irrungen und Wirrungen sind groß. In dieser unsicheren Nachrichtenlage empfiehlt es sich, einen kühlen Kopf zu bewahren und eine Sortierung der Einzelmeldungen vorzunehmen. Diese müssen dann überprüft und vorsichtig bewertet werden. Erst dann, wenn ein umfassendes Gesamtbild vorliegt, kann eine verbindliche Aussage getroffen werden.

- Wirtschaftsabläufe sind häufig komplexer Natur.
- Laien fehlt oft der Durchblick.
- Auch Wirtschaftsfachleute können nicht immer mit plausiblen Antworten dienen.

Der Weisheit letzter Schluss

Zitat aus der Tragödie „Faust II" von Johann Wolfgang von Goethe

Gibt es ihn überhaupt? Kann man wirklich zu einem umfassenden und unfehlbaren letzten Schluss kommen? Unsere Lebenswirklichkeit ist so vielfältig und komplex geworden, dass sich endgültige Weisheiten wohl kaum noch formulieren lassen. Ratschlüsse und Empfehlungen für längere Zeiträume sind riskant, denn zu schnelllebig und zu unübersichtlich ist die Welt.

Doch zurück zum Ursprung dieser Redewendung: Am Ende seines Lebens und fast schon erblindet hat Faust eine Vision. Er sieht ein märchenhaftes Land vor sich, das dem Meer abgetrotzt und gegen die immer wiederkehrende Flut verteidigt werden muss. Faust gelangt angesichts der ständigen Bedrohung zu der Feststellung:

Das ist der Weisheit letzter Schluss:

nur der verdient sich Freiheit wie das Leben,

Der täglich sie erobern muss.

Da es sich in der Vision um ein märchenhaftes Land handelt, das unter großen Mühen und Gefahren dem Meer abgerungen wird, bleibt den Menschen nichts anderes übrig als standzuhalten und die wiederkehrenden Fluten in Kauf zu nehmen. Zu einem anderen Schluss könne man nicht kommen, es sei denn, man würde auf dieses märchenhafte und paradiesische Land verzichten.

Was für Goethe gilt, gilt auch für Manager: Es muss nach der besten Lösung gesucht werden, dabei müssen auch Nachteile in Kauf genommen werden. Soll alles so bleiben, wie es ist, gilt gilt es, den Status quo zu verteidigen.

- In einer komplexer werdenden Welt sind endgültige Weisheiten fraglich geworden.
- Die besten und optimalen Lösungen anstreben.
- Visionäre Ansichten und pragmatische Entscheidungen schließen einander nichts aus.

Business as usual | *Ausspruch von Winston Churchill*

Hartgesottene Börsianer lassen sich nicht so schnell aus der Ruhe bringen, sie warten lieber ab und entscheiden über Kauf oder Verkauf, wenn der richtige Zeitpunkt gekommen ist. Gestandene und erfahrene Manager lassen sich nicht von Hektik und Zeitdruck leiten, sie agieren und reagieren, wenn es erforderlich ist. Doch meist nehmen die Dinge ihren Lauf, unabhängig von den tagesaktuellen Ereignissen. Die Aufgeregtheiten der Wirtschafts- und Börsenwelt werden zwar zur Kenntnis genommen, bringen das Geschäftsleben deshalb aber noch lange nicht zum Stillstand. Die Geschäfte laufen weiter wie bisher. Selten kommt es zu Überreaktionen.

Winston Churchill, der im Ersten Weltkrieg Marineminister war, entgegnete mit „The maxim of the British people is ‚Business as usual'" Behauptungen, die britische Wirtschaft würde infolge der Kriegsereignisse Schaden nehmen. Churchill hatte mit seiner Einschätzung Recht, die Geschäfte liefen weiter wie bisher. Es müssen schon außerordentliche Umstände sein, die das Wirtschaftsleben zum Erliegen bringen, ansonsten gilt die Devise: Business as usual.

- Tagesaktuelle Ereignisse werden zur Kenntnis genommen, wirken sich aber kaum auf das Geschäftsleben aus.
- Übertriebenen und vorschnellen Meldungen keine allzu große Bedeutung beimessen.

Autorenverzeichnis

Albertus Magnus; 1193?–1280, dt. Theologe der Hochscholastik. Als Lehrer von Thomas von Aquin erwarb er sich einen hervorragenden Namen als Theologe und Deuter der Werke von Aristoteles. Im Jahre 1931 erfolgte seine Heiligsprechung.

Aisopos/Äsop; 6. Jh. v. Chr., legendärer griech. Fabeldichter.

Archimedes; um 287 v. Chr.–212 v. Chr. Der griechische Mathematiker und Physiker lebte in der Stadt Syrakus. Mathematiker schätzen seinen Namen, Schüler fürchten ihn. Er lehrte die Quadratwurzel und löste Gleichungen mithilfe von Kegelschnitten. Daneben baute er Wurfmaschinen, Flaschenzüge und Bewässerungsanlagen. Ein vielseitig veranlagtes Genie!

Aristoteles; 384 v. Chr.–322 v. Chr. Der griechische Philosoph war ein Schüler von Platon. Aristoteles begründete eine eigene philosophische Schule und gab Werke zur Logik, Ethik, Metaphysik, Poetik und Kunsttheorie heraus. Mit Platon gehört er zu den bedeutendsten Philosophen der Antike. Dieser hochgebildete Mann war natürlich bestens geeignet, um als Erzieher Alexanders des Großen zu fungieren.

Arnobius der Jüngere; um 450, Mönch und Schriftsteller.

Bacon, Francis; 1561–1626, rasch stieg der englische Renaissancephilosoph und Staatsmann zum Lordkanzler auf. Doch wie bei vielen großen Persönlichkeiten war auch er nicht frei von Bestechlichkeit und so wurde er verurteilt. Später ließ Jakob I. Gnade walten und Bacon konnte sich wieder als glänzender Essayist und scharfsinniger Kritiker der Scholastik betätigen.

Bernhard, Thomas; 1931–1989, österreichischer Schriftsteller und Dramatiker, er schrieb zahlreiche Romane und Erzählungen. Der „Geschichtenzerstörer", wie er sich selbst nannte, machte es seinen Landsleuten nicht leicht. Seine boshaften Attacken auf Staat und Kulturbetrieb sind Legende. Die Dramen (u. a. Heldenplatz) lösten oft Skandale aus. Seine Anhänger nennt man freundlicherweise Bernhardiner.

Brecht, Bertolt; 1898–1956, dt. Schriftsteller und Dramatiker. Mit der „Dreigroschenoper", „Mutter Courage und ihre Kinder" sowie den Stücken „Leben des Galilei" und „Der kaukasische Kreidekreis" erlangte er Anerkennung und Ruhm. Der Sohn einer Kaufmannsfamilie aus Augsburg wurde marxistischer Gesellschaftskritiker. Ab 1948 leitete er das Berliner Ensemble in Ostberlin.

Bürger, Gottfried August; 1747–1794, dt. Schriftsteller, trug zur Entwicklung der dt. Ballade bei. Außerdem versuchte er eine Verbindung zwischen der Volksdichtung und der Kunstdichtung herzustellen. Ob dies gelang, können nur die Fachleute beurteilen.

Burmann, Wilhelm Gottlob; 1737–1805, dt. Schriftsteller.

Busch, Wilhelm; 1832–1908, dt. humoristischer Schriftsteller, der besonders mit seinen Bildergeschichten viel Erfolg hatte. Busch war ein Multitalent, denn er verfasste die Texte selbst (Max und Moritz, Die fromme Helene), malte und zeichnete wie ein Besessener.

Caecus Appius Claudius; 370–296 v. Chr., röm. Konsul.

Calderón de la Barca, Pedro; 1600–1681, span. Dramatiker, der bis zu 120 Dramen schrieb. Daneben wirkte er als Kaplan des Königs in Madrid und war somit ein viel beschäftigter und gepriesener Mann.

Cäsar, Gaius Iulius; 100–44 v. Chr., der römische Politiker und Feldherr war schon immer eine Schreckensgestalt in der Geschichte. Er führte zahlreiche Kriege und scheute sich auch nicht, gegen seine ehemaligen Bundesgenossen vorzugehen. Schließlich wurde er Alleinherrscher des Römischen Reiches und Diktator auf Lebenszeit. Ein Attentat, ausgeführt von republikanischen Verschwörern, bereitete seinem Leben ein unrühmliches Ende. Ist etwas von ihm geblieben? Zumindest geht der Titel Kaiser und Zar auf das römische Kaisertitular von Cäsar zurück.

Churchill, Winston; 1874–1965, engl. Premierminister.

Cicero, Marcus Tullius; 106–43 v. Chr., röm. Politiker und Schriftsteller, war scharfer Kritiker der Alleinherrschaft von

Cäsar. Er brandmarkte nach dem Tod Cäsars auch Antonius, der Cicero schließlich umbringen ließ. In dieser schweren Zeit waren politischer Mord und staatlicher Terror an der Tagesordnung. Trotzdem gelang es Cicero, die griechische Philosophie einzuführen und die lateinische Kunstprosa zu entwickeln. Respekt!

Fontane, Theodor; 1819–1898, dt. Schriftsteller, der erst mit über siebzig Jahren seine ersten großen Romane schrieb. Eigentlich sollte er Apotheker werden, doch sein Schreibtalent überwog und so wurde er zu einem angesehenen Autor. Ein Teil seiner großen Romanwerke (Der Stechlin, Effi Briest) wurden verfilmt.

Franklin, Benjamin; 1706–1790, US-amerikanischer Politiker, der großen Einfluss auf die Unabhängigkeitserklärung und die amerikanische Verfassung hatte. Franklin war nicht nur der Erfinder des Blitzableiters, er war auch auf anderen Gebieten eine bedeutende Persönlichkeit. Neben seiner politischen Tätigkeit beschäftige er sich als Naturforscher und Schriftsteller.

Friedrich II; 1712–1786, König von Preußen. Er ist in die Geschichte als Herrscher des aufgeklärten Absolutismus eingegangen. Mit ihm stieg Preußen zur europäischen Großmacht auf.

Goethe, Johann Wolfgang von; 1749–1832, dt. Dichter. Er war der deutsche Dichterfürst schlechthin und schon zu Lebzeiten eine bewunderte und verehrte Persönlichkeit. Als Staatsminister hatte Goethe viele Ämter inne und konnte auf einen steilen Karriereweg blicken. Noch in hohem Alter war er voller Schaffenskraft, wovon seine vielfältigen Spätwerke zeugen.

Grimm; Jacob, 1785–1863, dt. Germanist, der mit seiner Quellenforschung die Grundlage zur Germanistik legte.

Grimm, Wilhelm, 1786–1859, dt. Germanist. Mit seinem Bruder Jacob begründete er das „Deutsche Wörterbuch". Die beiden Brüder gaben außerdem zahlreiche Märchensammlungen heraus.

Gorbatschow, Michail S.; * 1931, sowj. Politiker. Die Schlagworte „Glasnost" und „Perestrojka" gehen auf ihn zurück. Er war es auch, der erste tiefgreifende Reformen in der Sowjetunion vornahm. 1990 erhielt er den Friedensnobelpreis.

Hansemann, David; 1790–1864, dt. Politiker.

Heine, Heinrich; 1797–1856, dt. Schriftsteller, der es allen nicht leicht machte und mit seiner spitzen Zunge das moderne Feuilleton begründete. Sein lyrisches Werk kennt aber auch schwermütige Phasen und einen volksliedhaften Ton. Das „Buch der Lieder" und „Deutschland ein Wintermärchen" sind herausragende Teile aus seinem umfangreichen Gesamtwerk.

Herodot; ca. 490–425 v. Chr., griech. Geschichtsschreiber.

Hieronymus; ca. 347–419/20, lateinischer Kirchenlehrer.

Hoffmann von Fallersleben, August Heinrich; 1798–1874, dt. Schriftsteller. Er war als Literaturhistoriker bekannt, wurde aber erst mit dem Deutschlandlied „Deutschland über alles" richtig berühmt.

Hölty, Ludwig Heinrich Christoph; 1748–1776, dt. Schriftsteller. Lyriker des Göttinger Hains.

Homer, ca. 8. Jh. vor Chr. oder später; er gilt als Autor der griechischen Epen „Ilias" und „Odyssee" und wurde damit zum Vorbild für alle anderen Epiker der abendländischen Kultur. Über seine Person ist wenig bekannt. Es ranken sich Legenden um ihn, so soll er, der Überlieferung nach, ein blinder Rhapsode an ionischen Fürstenhöfen gewesen sein.

Horaz; 65–8 v. Chr., röm. Dichter. Er war schon damals ein humorvoller Zeitgenosse, der es glänzend verstand, mit Oden und Satiren sein Publikum zu begeistern.

Keller, Gottfried; 1819–1890, gilt als bedeutendster schweiz. Schriftsteller. Er war ein Vertreter der realistischen Dichtung und schrieb sich mit seinem Bildungsroman „Der grüne Heinrich" in die Literaturgeschichte ein.

Klinger, Friedrich Maximilian; 1752–1831, dt. Schriftsteller. Schrieb vorwiegend pathetische Dramen.

Lenin, Wladimir Iljitsch; 1870–1924, russ. Revolutionär.

Lessing, Gotthold Ephraim; 1729–1781, dt. Dichter und Dramaturg, ist durch seine Stücke „Nathan der Weise" und „Emilia Galotti" berühmt geworden. Lessing gilt als Vollender und Überwinder der Aufklärung.

Livius, Titus; 59 v. Chr.-17 n. Chr., römischer Geschichtsschreiber der es auf erstaunliche 142 Bücher über die Geschichte Roms brachte.

Logau, Friedrich Freiherr von; 1604–1655, dt. Epigrammatiker.

Lortzing, Albert; 1801–1851, dt. Komponist. „Der Wildschütz" und „Zar und Zimmermann" sind romantisch-komische Opern, die auch heute noch oft gespielt werden.

Lukrez; um 97 v. Chr.-55 v. Chr., römischer Dichter, der nicht an das Einwirken göttlicher Kräfte im Weltgeschehen glaubte.

Miller, Johann Martin; 1750–1814, dt. Lyriker und Erzähler.

Montesquieu; 1689–1755, frz. Schriftsteller und Staatsphilosoph. Er war ein Mann der Aufklärung und forderte schon sehr früh die Gewaltenteilung im Staat.

Nietzsche, Friedrich; dt. Philosoph, als Wertezertrümmerer und Werteerneuerer übte er großen Einfluss auf die Geistesgeschichte des 19. und 20. Jahrhunderts aus. Nietzsche war aber auch Dichter und glänzender Aphoristiker.

Petronius Arbiter, Gaius; ca. 11–66 n. Chr., beging wegen einer Denunziation unter Nero Selbstmord. Kein Wunder, für Satiriker waren die Zeiten damals lebensgefährlich. Dennoch gelang es ihm, den Roman „Satyricon" zu vollenden.

Platon; 427–347 v. Chr., griech. Philosoph. Platon war ein Schüler des Sokrates. Er gründete in Athen eine eigene Schule und meinte, in der Politik dürfe nur der Beste an der Spitze stehen. Recht hat er!

Plautus; um 250 v. Chr.–184 v. Chr., röm. Komödiendichter, der es immerhin auf 21 Stücke brachte.
Plievier, Theodor; 1892–1955, dt. Schriftsteller.

Plinius der Ältere; 23/24–79, röm. Schriftsteller, behandelt in seinen Werken naturwissenschaftliche und kunstgeschichtliche Themen.

Plutarch; ca. 45–125, griech. Philosoph und Geschichtsforscher. Plutarch verfasste zahlreiche Biografien über berühmte Griechen und Römer.

Pottier, Eugène; 1817–1887, frz. Schriftsteller.

Puccini, Giacomo; 1858–1924, ital. Opernkomponist. Er hatte große Erfolge mit seinen Opern „La Bohème", „Tosca", „Madame Butterfly".

Quintilian; ca. 30–95, lateinischer Rhetoriker.

Phaedrus; erste Hälfte des 1. Jh. n. Chr., röm. Fabeldichter.

Sartre, Jean-Paul; 1905–1980, frz. Philosoph und Schriftsteller, Begründer des Existenzialismus. Sartre schrieb zahlreiche Dramen und mischte sich in die französische Politik ein. Den Nobelpreis lehnte er ab.

Schiller, Friedrich; 1759–1805, dt. Dichter und Philosoph. Er zählt zu den Klassikern der deutschen Literatur. Sein breites Werk beinhaltet Dramen, Lyrik, Geschichtsstudien und philosophische Abhandlungen. Teilweise waren seine Theaterstücke erfolgreicher als die seines Kollegen Goethe, was der Freundschaft aber keinen Abbruch tat.

Schlegel, August Wilhelm von; 1767–1845, dt. Schriftsteller, Übersetzer und Kritiker. Seine Shakespeare-Übersetzung war eine Meisterleistung!

Shakespeare, William; 1564–1616, engl. Dichter. Die Tragödien und Komödien haben ihn weltberühmt gemacht. Er wird auf fast allen Bühnen der Welt gespielt.

Simrock, Karl; 1802-1876, dt. Germanist und Schriftsteller. Simrock sammelte über 12.000 Sprichwörter.

Sokrates; 470 v. Chr.–399 v. Chr. griech. Philosoph. Bekannt ist, dass er arm und bedürfnislos in Athen lebte und ohne Entgeld in den Gymnasien lehrte. In seiner Philosophie versucht er die Menschen vom Scheinwissen zum echten Wissen zu führen.

Sophokles; 497/96–406/05 v. Chr., griech. Tragödienschreiber.

Sueton; ca. 70–130, röm. Schriftsteller.

Tacitus; ca. 55–120, röm. Geschichtsschreiber.

Terenz; 185–159 v. Chr., röm. Komödiendichter.

Tetzel, Johann; um 1465–1519, dt. Dominikaner. Er ist durch seinen unrühmlichen Ablasshandel bekannt geworden. Martin Luther nahm dies zum Anlass, um mit seinen 95 Thesen dagegen zu protestieren.

Thomas von Aquin; um 1225–1274, ital. Theologe und Philosoph. Den Glaubensgeheimnissen mit der Vernunft und dem philosophischen Denken des Aristoteles beizukommen, war sein Hauptanliegen.

Vergil; 70 v. Chr.–19 v. Chr., röm. Dichter, der bei Hofe hohes Ansehen genoss. Er schrieb mehr als 9.000 Verse.

Villon, François; um 1431–nach 1463, frz. Dichter mit ausschweifender Lebensart, die in den Pariser Polizeiakten bestens dokumentiert ist. Er war ein Vagabund und deshalb nannte man seine Dichtung auch Vagantendichtung.

Wagner, Richard; 1813–1883; als dt. Komponist und Kapellmeister schrieb er zahlreiche große Opern, die heute auf fast jedem Spielplan stehen. In seinen 13 Opern spielt die deutsche Sagenwelt eine wichtige Rolle. Die Bayreuther Festspiele ziehen Jahr für Jahr ein großes internationales Publikum an.

Wieland, Christoph Martin; 1733–1813, dt. Schriftsteller. Begründer der modernen deutschen Erzählprosa.

Stichwortverzeichnis